TOURS DE CARTES

CHOIX

DES TOURS LES PLUS FACILES

ET LES PLUS AMUSANTS,

avec un grand nombre de figures.

A PARIS,

chez DELARUE, Libraire-Editeur,

LILLE, chez BLOCQUEL-CASTIAUX.

Les admirables Tours de Cartes.

MANUEL

DE L'AMATEUR DES

TOURS DE CARTES

CHOIX

DES TOURS LES PLUS FACILES

ET LES PLUS AMUSANTS,

avec un grand nombre de figures.

A PARIS,

chez DELARUE, Libraire-Editeur,

LILLE, chez BLOCQUEL-CASTIAUX.

Lille, typ. de Blocquel-Castiaux.

LES

TOURS DE CARTES

LES PLUS AMUSANTS.

*Principes particuliers pour les Tours
de Cartes.*

Pour être en état d'exécuter ces sortes de
récréations, il faut savoir faire passer la coupe. On entend par là l'adresse avec laquelle
on fait venir dessus le jeu une certaine quantité de cartes de dessous, ce qui doit s'exécuter
de cette manière.

Il faut mettre le jeu de cartes dans la main
droite (*) , le pouce d'un des côtés du jeu

(*) On peut, si on le trouve plus aisé, mettre ce jeu
dans la main gauche, et faire avec la droite ce qu'on
indique ici avec la gauche.

(voyez fig. 1), les 2.ᵉ 3.ᵉ et 4.ᵉ doigts de cette même main couvrant le jeu de l'autre côté, et le petit doigt plié dans l'endroit où l'on veut passer la coupe, en observant que la main gauche doit couvrir le jeu, de manière que le pouce soit à l'endroit C, le second doigt à l'endroit A, et les autres doigts à l'endroit B.

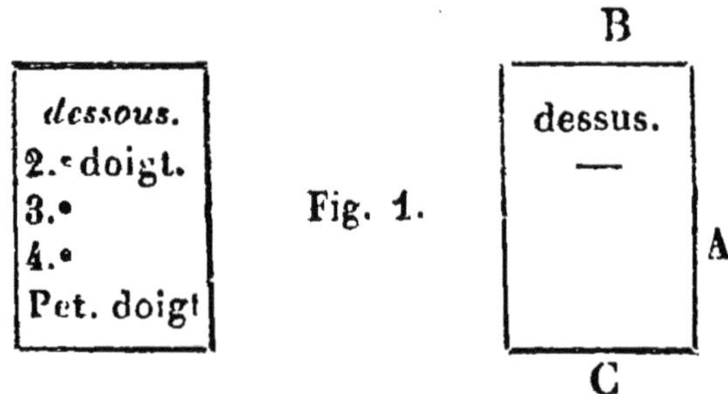

Les deux mains et le jeu étant ainsi disposés, on tire avec le petit doigt et les autres doigts de la main droite la partie du jeu qui est dessus, et on remet avec la main gauche la partie du dessous sur ce dessus du jeu.

Il est très-essentiel, avant de se hasarder à exécuter aucune de ces récréations, de s'accoutumer à faire très-adroitement cette manœuvre, de sorte que personne ne puisse aucunement s'en apercevoir. Il faut observer de faire passer cette coupe sans que les cartes fassent aucun bruit, et sans faire aussi trop de mouvement ; l'habitude donne cette facilité. Cette manière de faire ainsi sauter la coupe, procure l'avantage de faire quantité de tours de cartes avec le premier jeu qui se présente.

Il y a des récréations où il faut retirer un peu en arrière la carte qui est au-dessous du jeu pour ôter celle qui est au-dessus (c'est-à-dire l'avant-dernière), afin de faire croire que c'est la dernière qu'on a ôtée, il ne s'agit pour cela que de mouiller légèrement le doigt du milieu de la main dans laquelle on tient le jeu, et de s'en servir à reculer cette carte un peu en arrière, au même moment qu'avec le doigt du milieu et le pouce de l'autre main, on retire l'avant-dernière carte.

Il est une façon de préparer le jeu qui est d'y insérer une ou plusieurs cartes un peu plus larges ou plus longues, pour les connaître facilement soi-même au tact, ou afin de pouvoir couper ou faire couper à cet endroit. Ces jeux servent à quantité de récréations qui demandent moins de subtilités (pages 19 et 24).

Il est des cas où il faut faire passer la carte qui se trouve la première sur le jeu, dans le milieu du jeu, qu'on tient alors ouvert comme un livre à l'endroit où on veut la placer ; ce qui s'exécute en prenant le jeu dans la main gauche, le pouce placé d'un des côtés du jeu, et les autres doigts de l'autre, le jeu ouvert seulement du côté du pouce, alors avec le doigt du milieu de cette même main qu'on a légèrement mouillé, on appuie sur la carte qui est au-dessus du jeu, et on retire avec la main droite la partie des cartes du dessus au moyen de quoi la première carte glisse, et vient se placer sur la partie de dessus, cette manœuvre doit se faire sans que la partie de dessus fasse trop de mouvement ; elle est beaucoup plus facile que de faire sauter la coupe, mais elle ne sert qu'à un petit nombre de récréations.

A l'égard de la manière de faire passer la coupe d'une seule main, elle est la même qu'avec les deux, excepté que le pouce de la main dont on se sert fait l'office de l'autre main, pendant que le petit doigt et les autres doigts de cette première main agissent comme il a été ci-devant expliqué : on prévient ici qu'il est fort difficile de faire ainsi sauter la coupe et qu'on n'y parvient qu'avec beaucoup d'exercice, lorsqu'on a la main un peu grande et qu'on se sert de cartes plus petites qu'à l'ordinaire, cette manœuvre devient moins difficile.

Faire sauter la coupe des deux mains.

Pour faire sauter la coupe des deux mains, il faut :

1.º D'abord tenir le jeu dans la main gau-

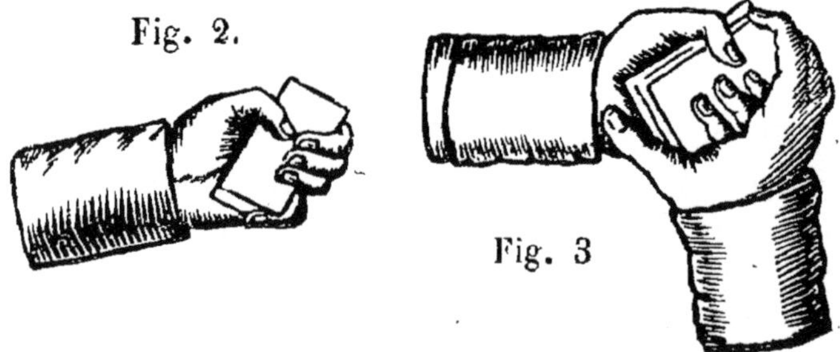

che, et le diviser en deux parties égales, en mettant le petit doigt entre deux (fig. 2).

2.º Poser la main droite sur le jeu de cartes, en serrant le paquet inférieur entre le pouce et le doigt du milieu de cette main (fig. 3).

Dans cette position, le paquet supérieur se trouve serré entre le petit doigt de la main gauche et les deux doigts annulaire et du milieu de la même main.

3.º En tenant toujours le paquet inférieur avec la main droite sans serrer le paquet supérieur avec cette main, tâcher de tirer ce dernier avec la main gauche pour le faire passer par-dessous lestement et sans bruit. Vous trouverez de la difficulté en commençant : mais une heure d'exercice par jour pendant une semaine vous donnera à cet égard la plus grande facilité. Remarquez qu'immédiatement après la coupe, les paquets peuvent et doivent avoir des positions différentes selon le besoin.

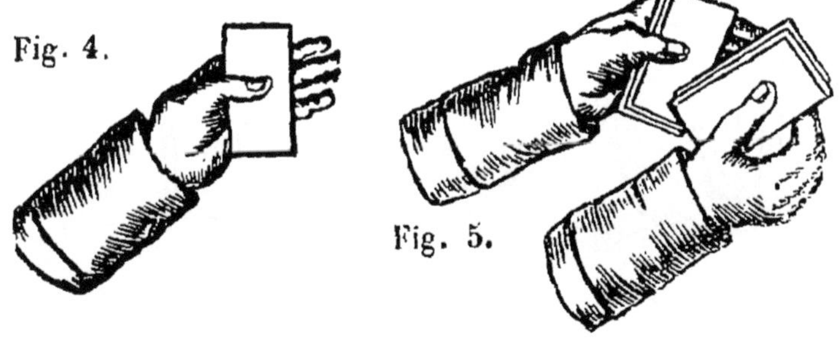

Fig. 4.

Fig. 5.

1.º Ils peuvent être réunis et n'en faire qu'un comme dans la fig. 4.

2.º Ils peuvent être croisés et posés de biais l'un sur l'autre, comme dans la fig. 5.

3.º Ils peuvent être séparés, et un dans chaque main, comme dans la fig. 6.

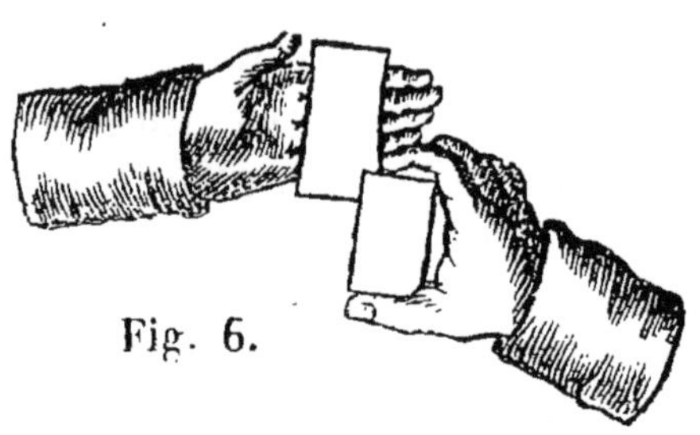

Fig. 6.

4.º Ils peuvent être séparés par l'index de la main droite, et se trouver tous deux dans cette main (fig. 7).

5.º Les deux paquets peuvent être réunis dans la main gauche de manière que les figures des cartes du paquet inférieur soient tournées vers le ciel (Voyez la fig. 8). En suppo-

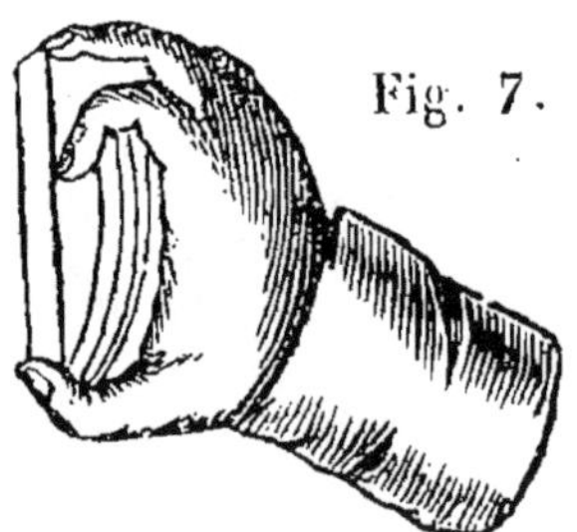

Fig. 7.

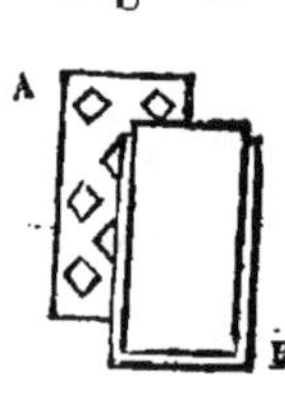

Fig. 8.

sant que le paquet A soit entièrement couvert par le paquet B, et qu'ils soient tous deux dans la main gauche comme dans la fig. 4.

Il faut s'exercer à toutes ces positions pour en faire l'usage dont nous parlerons ci-après.

Faire sauter la coupe d'une seule main.

Les détails où nous allons entrer dans cet article pourront ne pas plaire à tous les lecteurs ; mais nous chercherons ici à remplir le vœu de ceux qui désirent des tours de cartes qui n'aient été décrits par aucun auteur, et les plus merveilleux. Or, pour ces tours, il faut réunir à l'adresse de la main les autres moyens de supercherie : il faut donc commencer par peindre cette adresse, et en exprimer tous les traits.

Pour faire sauter la coupe d'une seule main, il faut : 1.º D'abord tenir les cartes dans la main gauche comme dans la fig. 4.

2.º Diviser les cartes en deux paquets ; ce qu'on fait en serrant le paquet supérieur entre la jointure du pouce et la partie du métacarpe, qui répond à la naissance de l'index, et en tenant le paquet inférieur également serré entre le même point du métacarpe et la première jointure du doigt du milieu et du doigt annulaire. Dans cette seconde position, l'index et le petit doigt sont les seuls parfaitement libres. (Voyez fig. 9).

Fig. 9.

3.º Passer l'index et le petit doigt sous le paquet inférieur, pour tenir ce paquet fortement serré entre ces deux derniers doigts d'une part, et le doigt du milieu avec l'annulaire de l'autre côté (fig. 10).

4.° En conservant le pouce dans la même position, déployer les quatre autres doigts

Fig. 10.　　　　　　　　Fig. 11.

pour donner au paquet inférieur la position représentée par la fig. 11.

Dans cette quatrième position, les cartes du paquet inférieur sont renversées, c'est-à-dire, que les figures sont tournées vers le ciel, mais elles sont toujours fortement serrées entre l'index et le petit doigt d'une part, et les deux doigts du milieu qui sont dessous.

5.° Déployer un peu le pouce pour lâcher le paquet supérieur, en l'appuyant sur l'index et le petit doigt, et porter en même temps sur le pouce le paquet inférieur (fig. 12).

Dans cette cinquième position, le paquet inférieur a déjà pris le dessus, et les figures des cartes, dans les deux paquets, sont tournées vers la terre.

6.° Oter le pouce d'entre les deux paquets pour le faire passer dessus en poussant les deux paquets vers la naissance du pouce, de manière qu'ils se trouvent parfaitement l'un sur l'autre pour n'en faire qu'un (fig. 13).

Fig. 12.

Fig. 13.

Dans cette sixième position, les deux paquets sont encore séparés par l'index et le petit doigt. Il ne reste donc qu'à ôter ces deux doigts de leur place, en les déployant, pour donner à la main et aux cartes la position de la fig. 2.

Nota. — Ces détails m'ont paru nécessaires pour bien faire entendre mon idée sur un point qui n'a jamais été expliqué par personne; mais ce serait une grande erreur de croire qu'il faut employer autant de temps à exécuter ce principe qu'à l'expliquer. Il faut s'y exercer et le réduire en pratique jusqu'à ce qu'on ait donné aux doigts en un seul instant et avec rapidité, les six positions que je viens de décrire, de manière qu'on puisse faire sauter la coupe d'une seule main au moins vingt fois par minute.

Les faux mélanges

On peut en distinguer de quatre espèces. La première consiste à mêler réellement toutes les cartes, excepté une qu'on ne perd jamais de vue ; pour cela, il faut d'abord la mettre sur le jeu ; ensuite la prendre de la main droite en retenant le reste du jeu dans la main gauche, et du pouce de cette dernière main faire glisser dans la main droite, sur la carte de réserve, cinq à six autres cartes, et sur ces dernières, encore cinq à six, et ainsi de suite jusqu'à ce que toutes les cartes se trouvent dans la main droite. Par ce moyen, la carte réservée se trouvera dessous ; et si dans cet instant on remet tout le jeu dans la main gauche en retenant seulement dans la main droite la carte supérieure, on pourra faire repasser successivement toutes les cartes de la main gauche dans la main droite, en posant alternativement les cartes au-dessus et au-dessous de ladite carte supérieure retenue dans la main droite, jusqu'à ce qu'on soit parvenu à la carte de réserve qu'on mettra dessus ou dessous selon le besoin et l'occasion.

Le second faux mélange consiste à prendre de la main droite la moitié supérieure du jeu qu'on tenait dans la main gauche pour la faire passer sous l'autre moitié, en remuant adroitement l'annulaire de la main droite, pour faire glisser les cartes sans en déranger l'ordre

(Voyez fig. 14), et remarquez : 1.º Qu'après avoir remué les cartes d'un paquet avec l'annulaire de la main droite comme nous venons de le dire, il faut porter sous le jeu la carte B, et deux ou trois de celles qui la suivent immédiatement, pour faire semblant d'en laisser quelques-unes tout-à-fait par dessous, et cependant les reporter à leur place sous le paquet A ;

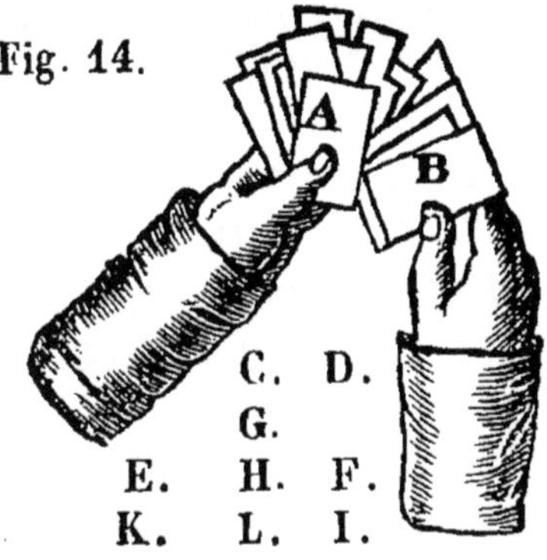

Fig. 14.

2.º Que le paquet A, qui était d'abord dessous, et qui est actuellement dessus, doit être pris de la main droite pour être remis lestement à sa première place.

Le troisième faux mélange consiste à mettre sur le jeu la carte de dessous ; et à prendre les cartes comme le représente la main droite de la fig. 6 ; alors on laisse tomber sur la table les cinq à six cartes inférieures vers le point C (fig. 14) ; on laisse tomber un autre petit paquet, au point D, à droite, un troisième au point E, et enfin vers le point F toutes les autres cartes, excepté la supérieure qu'on porte seule au point G. Dans cet instant, on met sur la carte G, le paquet C, et ensuite les paquet D, E, F, en employant alternativement la main gauche et la main droite pour plus de rapidité. Par ce moyen les cartes semblent être mêlées quoiqu'elles ne changent point de place.

T. de C.   2

Le quatrième faux mélange consiste à faire sauter la coupe pour retenir les cartes avec la main droite, comme le représente la fig. 7, et à diviser la moitié inférieure en trois autres petits paquets, dont le premier tombe sur la table vers le point H (fig. 14), le second à droite au point I, et le troisième au point K. La moitié supérieure étant alors posée au point L, si on transporte sur cette moitié les paquets H, I, K, en suivant le même ordre que nous suivons en les désignant, et en employant alternativement la main gauche et la main droite pour plus de vitesse, et pour faire croire qu'on mêle au hasard et sans réflexion, les cartes, sans changer de place, sembleront se mêler comme dans le cas précédent.

Filer la carte.

Fig. 15.

Pour filer la carte, il faut la tenir entre l'index et le doigt du milieu de la main droite, et tenir le reste du jeu dans la main gauche entre l'index et le pouce de cette main. La carte supérieure que l'on veut substituer doit être un peu avancée vers la main droite (Voyez la fig. 15).

Dans cette position, le doigt du milieu,

l'annulaire et le petit doigt de la main gauche
sont parfaitement libres et c'est avec ces doigts
qu'il faut prendre la carte qui est dans la main
droite, lorsque celle-ci s'approche en un clin-
d'œil de la main gauche pour y prendre la
carte supérieure que l'on veut substituer.

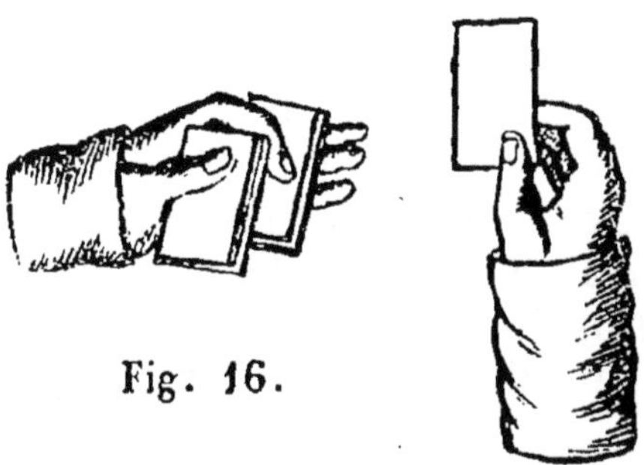

Fig. 16.

Aussitôt après cette substitution, les mains
et les cartes sont comme dans la fig. 16 ; mais
l'index de la main gauche qui sépare des autres cartes celle qu'on vient d'apporter, doit
aussitôt quitter sa place pour que la main et
les cartes prennent la position de la fig. 4.

Glisser la carte.

Pour glisser la carte, il faut : 1.º Tenir le
jeu dans la main droite, et faire voir au spectateur la carte de dessous, que je suppose être
l'as de carreau ;

2.º Renverser le jeu sens dessus dessous
pour faire semblant de prendre cet as de

carreau avec un doigt de la main gauche (fig. 17);

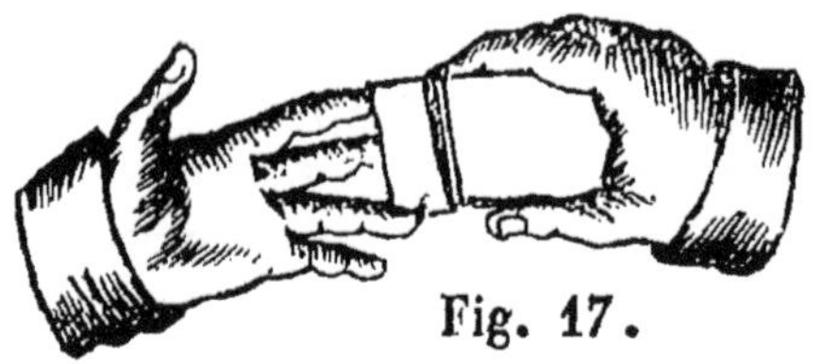

Fig. 17.

3.º Prendre, au lieu de l'as de carreau , la carte qui le suit immédiatement, en faisant glisser cet as de carreau en arrière avec l'annulaire et le petit doigt de la main droite , qu'on a mouillés un instant auparavant avec de la salive (Voyez la fig. 18 qui représente

Fig. 18.

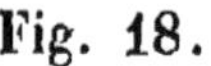

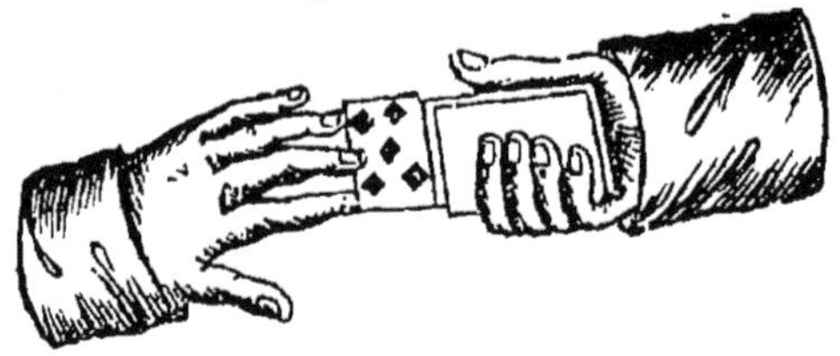

les cartes et les mains telles que le spectateur les verrait par dessous s'il se baissait pendant l'opération).

Nota. — Le doigt de la main gauche avec lequel on tire la seconde carte, au lieu de la première en dessous , doit être également mouillé de salive.

Enlever la carte.

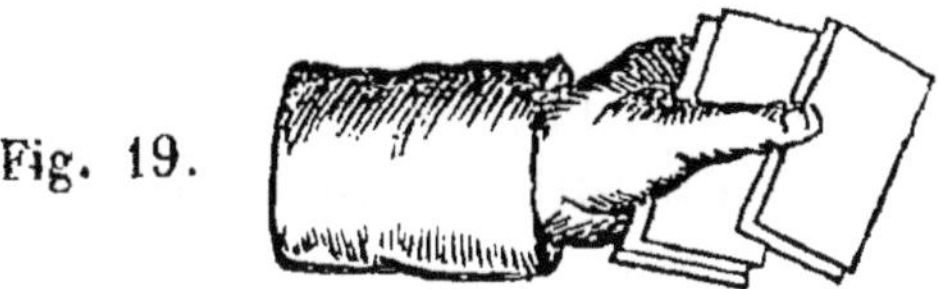

Fig. 19.

Pour enlever une ou plusieurs cartes, il faut : 1.º Tenir dans la main gauche les cartes qu'on veut enlever posées en diagonale sur les

Fig. 20.

autres, et un peu avancées vers la main droite (fig. 19).

2.º Prendre ces cartes avec la main droite,

Fig. 21.

en les serrant un peu entre le petit doigt et le pouce (fig. 20).

3.º Appuyer négligemment la main droite

2*

sur ses genoux ou sur le bord d'une table pour cacher la supercherie (fig. 21).

Poser la carte.

On peut poser la carte de deux manières : la première en la posant sur les autres cartes qu'on tient dans la main gauche dans l'instant où l'on prie le spectateur de mettre sa main sur le jeu (fig. 22).

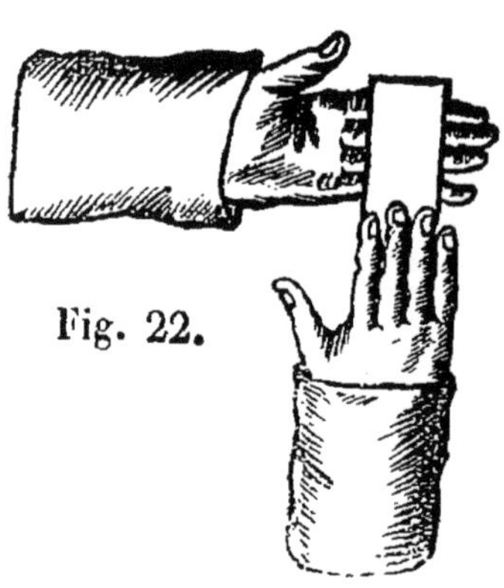

Fig. 22.

Nota. — Dans ce premier cas, aussitôt qu'on a posé la carte, on éloigne un peu la main droite de la main gauche, de manière qu'on touche presque les cartes avec le doigt du milieu de la main droite, comme pour indiquer au spectateur l'endroit où on l'invite à poser sa main. Par ce moyen, il ne fait pas attention que les mains se soient rapprochées pour opérer un petit changement, et il pose bonnement sa main sur le jeu pour empêcher (mais trop tard), qu'on n'en fasse aucun.

La seconde manière de poser les cartes se fait dans l'instant où on prend le jeu sur la table (fig. 23). Dans ce cas, il ne faut pas ramasser les cartes en fermant la main comme à l'ordinaire, mais les faire glisser vers soi

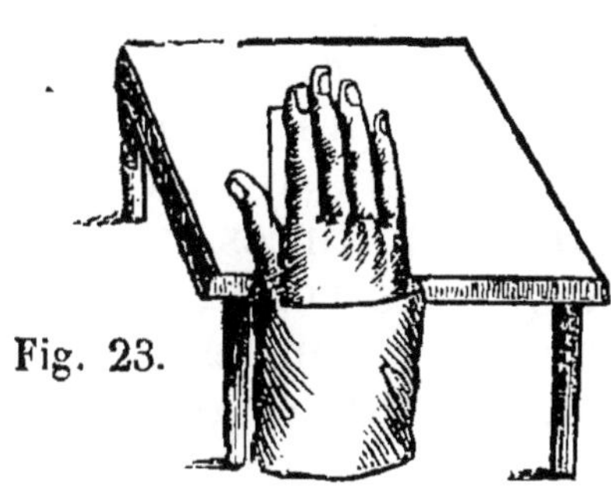

Fig. 23.

pour plus de ra-
pidité, sans quoi
le spectateur pour-
rait apercevoir que
l'on avait des car-
tes dans la main.

Il faut cependant
se contenter d'une
vitesse médiocre,
qui suffit pour cacher ce moyen, tandis qu'u-
ne rapidité extraordinaire ferait soupçonner
la supercherie. *Hâtez-vous lentement.*

Carte large ou longue et récréations amusantes
qu'elle facilite.

Cette carte est d'un secours infini dans un jeu
pour faire plusieurs récréations amusantes ;
nous ne parlerons ici que de quelques-unes.

1.º On fait tirer adroitement à une personne,
cette carte longue que l'on connaît, et on lui
donne le jeu à mêler ; ensuite on propose ou
de lui nommer sa carte, ou de la couper, ou de
reconnaître au tact ou à l'odeur, si elle a été
remise ou non dans le jeu ; ou enfin de mettre
le jeu dans la poche de quelqu'un de la compagnie, et de la prendre dans la poche. Comme c'est la seule qui déborde du jeu, il est aisé
de la reconnaître au tact. On peut faire tirer
cette même carte longue à différentes personnes tour à tour, pourvu qu'elles ne soient
point l'une auprès de l'autre ; après avoir bien

mêlé le jeu, on tire la carte longue, accompa-
gnée d'autant de cartes qu'il y a de personnes
qui l'ont tirée, on montre alors toutes ces
cartes en demandant en général, si chacun y
voit la sienne, celles qui les ont tirées, répon-
dent que oui, attendu qu'elles voient toutes
cette même carte longue, alors on les remet
dans le jeu et coupant à la carte longue, on
montre à une d'elles la carte de dessous le jeu,
en lui demandant si c'est sa carte, elle répond
qu'oui ; on donne un coup de doigt, on la
montre à une seconde personne, qui répond
de même : et ainsi à toutes les autres personnes
qui croient que cette même carte change au
gré de celui qui fait cette récréation, et ne
s'imaginent pas qu'elles ont toutes tiré la même
carte.

2.° On peut donner à choisir indifféremment
dans le jeu la carte que l'on veut, puis la pla-
çant sous la carte longue, et mêlant avec un
peu de précaution, il sera très-aisé de la reconnaître ; ainsi faisant l'application de cette petite
manœuvre au tour précédent, si la première
personne ne prenait pas la carte longue qu'on
lui présente, il faudrait alors faire tirer toutes
ces cartes indifférentes, et coupant soi-même
le jeu, les faire mettre sous la carte longue,
en faisant semblant de les battre à chaque fois ;
on coupera, et on fera couper ensuite à la
carte longue, et on rendra à chacun la carte
qu'il a tirée, en observant de rendre la première au dernier, et remonter ainsi jusqu'au
premier.

Il est cependant possible de faire ce même

tour sans carte longue. On met dessus le jeu une carte quelconque, par exemple une dame de trèfle, on fait sauter la coupe, et la faisant passer par ce moyen au milieu du jeu, on la fait tirer à une personne ; on coupe ensuite pour faire remettre cette dame de trèfle au milieu du jeu ; mais on fait sauter encore la coupe pour la faire revenir sur le jeu, afin de mêler les autres ; on fait sauter la coupe pour les faire revenir une seconde fois au milieu du jeu ; ensuite on fait tirer cette même dame de trèfle à une seconde personne, observant qu'elle soit assez éloignée de la première pour qu'elle ne s'aperçoive pas qu'elle a tiré la même carte ; enfin l'on fait tirer cette même carte à cinq personnes différentes, en s'y prenant comme ci-dessus ; on mêle les cartes, sans perdre de vue la dame de trèfle, et étalant sur la table quatre cartes quelconques, et la dame de trèfle, on demande si chacun y voit sa carte, on répondra qu'oui, attendu que chacun voit la dame de trèfle ; on retourne les cartes après en avoir retiré la dame de trèfle, et approchant de la première personne, on lui montre cette carte, sans que les autres puissent la voir, et on lui demande si c'est là sa carte, elle dira que c'est elle ; on souffle dessus, ou on y donne un coup de doigt, et on la montre à la seconde personne, et ainsi de suite. Il faut beaucoup d'adresse pour ne pas se tromper en faisant ce tour.

3.º Nous répéterons pour plus d'intelligence, l'adresse de ceux qui trouvent à la pointe de l'épée et les yeux bandés une carte ou plusieurs qui ont été tirées dans le jeu. On fait tirer une carte qu'on met sous la carte longue, qu'on a attention en battant de faire venir adroitement au-dessus du jeu, ou même on jette le jeu à terre en remarquant l'endroit où se trouve cette carte : on se fait ensuite bander les yeux avec un mouchoir. Comme la vue se porte en bas sur le plancher, il est aisé de voir, quoiqu'on ait un mouchoir sur les yeux, la carte qui se trouve au-dessus du jeu. On éparpille alors les cartes avec l'épée, sans perdre de vue celle qui a été tirée, et après avoir fait mine de bien chercher, et l'avoir mise à part, on la pique avec la pointe de l'épée, et on la présente à la personne qui l'a tirée. On peut également faire tirer deux ou trois cartes, ayant attention de les remettre toutes sous la coupe, et les découvrir de même à la pointe de l'épée.

4.° Pour faire trouver la carte choisie dans un œuf, on fait tirer dans le jeu la carte longue, qui doit être la même que celle qui est dans l'œuf, on la fait remettre dans le jeu ; on donne l'œuf à casser, et on y trouve effectivement la carte qui a été tirée ; pendant cet intervalle, on escamote la carte, afin de faire voir qu'elle n'est plus dans le jeu. Pour préparer cet œuf, il faut d'abord dédoubler une carte qui est la même que la carte longue ; on la roule bien serrée ; on l'introduit dans un œuf, en y faisant la plus petite ouverture possible qu'on rebouche proprement avec un peu de cire blanche. On peut rendre cette récréation plus agréable, en mettant dans plusieurs œufs cette même carte ; alors on donnera à choisir un d'eux. On peut aussi s'entendre avec une personne à laquelle on aura indiqué quel est l'œuf où l'on a mis la carte, et qui le choisira parmi ceux qu'on lui présentera ; de cette manière on pourra casser ensuite les autres œufs pour faire croire qu'il n'y avait aucune carte renfermée.

5.° On place dans un jeu de quarante cartes, deux cartes longues, que la première soit, par exemple, la quinzième, la seconde, la vingt-sixième ; on fait semblant de mêler ce jeu, et coupant à la première carte longue, on pose la partie coupée sur la main, et comme si l'on connaissait les cartes au poids, on dit : *il doit y avoir là quinze cartes ;* coupant une seconde fois la seconde carte, on dit : *il y a là onze cartes,* et pesant le restant, on dit : *il y a là quatorze cartes.*

6.° On dispose les cartes en deux parties, qu'on sépare l'une de l'autre par une carte longue, la première contient la quinte du roi de trèfle, et celle de pique, les 4 huit, le dix de carreau et celui de cœur ; la seconde contient les deux quatrièmes majeures en carreau et en cœur, les 4 sept et les 4 neuf. On peut les diviser de toute autre manière, pourvu que l'on s'en convienne. Le jeu ainsi arrangé, on le bat, ayant attention de ne mêler que la première moitié, dont la dernière est la carte longue ; on coupe ensuite à cette carte, et l'on fait deux tas : on présente le premier tas à une personne, en lui disant de prendre deux ou trois cartes, et on remet ce tas sur la table.

On présente de même le second tas à une autre personne, et on remet sans qu'on s'en aperçoive, les cartes tirées du premier tas dans le second, et celles tirées du second dans le premier; on bat les cartes, en ne mêlant que celles du tas de dessus, et regardant le jeu, on nomme les cartes que ces deux différentes personnes ont tirées, ce qui est très-facile, en examinant quelles sont celles qui se trouvent alors changées dans chaque tas.

7.° Enfin la carte longue est très-nécessaire pour les coups de piquet.

Cartes coupées un peu en biseau dans leur longueur.

Il faut avoir un jeu de cartes, qui, par le haut, soit coupé d'une ligne plus étroit que par le bas. Toutes les cartes paraissent égales lorsqu'elles sont dans le sens de leur coupe, mais si on en déplace une, deux, trois, pour les retourner de haut en bas, il est sensible qu'elles formeront des inégalités, et ce sont ces inégalités qui font reconnaître les cartes choisies. Par exemple, on fait tirer à une première personne une carte dans ce jeu, et on observe attentivement si elle ne la retourne pas dans sa main ; si elle la remet comme elle l'a tirée, on retourne le jeu, afin que la carte tirée se trouve en sens contraire : si elle la retourne dans la main, on ne retourne pas le jeu. La carte ayant été remise, on donne à mêler, après quoi on fait tirer une seconde et même une troisième carte, en observant les mêmes précautions ; après quoi prenant le jeu du côté le plus large entre les deux doigts de la main gauche, on tire avec ceux de la main droite successivement, les cartes qui ont été choisies par ces trois différentes personnes.

On peut, avec un pareil jeu, séparer d'un seul coup toutes les couleurs rouges des cartes noires ou les figures des basses cartes, quoiqu'elles aient été bien mêlées ; il ne s'agit pour cela que de disposer la couleur rouge ou les peintures, de façon que le côté le plus large soit tourné du côté le plus étroit des autres cartes. On fait voir le jeu, on le donne à mêler ; alors serrant le jeu avec chaque main par ses deux extrémités, on en sépare d'un seul coup les deux couleurs, ou les cartes blanches d'avec les figures.

On peut encore faire diverses autres récréations avec ces cartes, mais il ne faut pas recommencer les mêmes deux fois de suite, de peur qu'on ne s'aperçoive que tout le mystère consiste à retourner les cartes.

TOURS DIVERTISSANTS.

Cartes pensées — Premier tour.

On peut déterminer une personne à penser forcément la carte qu'on veut ; il ne s'agit que de présenter et étaler sur la table le jeu de cartes, de manière qu'une carte de couleur, telle que le roi, dame ou valet soit beaucoup plus apparente, qu'aucune des autres, en disant à la personne de penser une carte dans le jeu, on fait attention si elle jette un coup d'œil sur cette carte ; on referme ensuite le jeu, et on lui nomme celle qu'elle a pensée. Si l'on s'apercevait néanmoins qu'elle ne fixât pas la vue sur cette carte, ou qu'elle étalât le jeu davantage pour en penser une à son gré, on lui dirait de la tirer du jeu ; et, au moyen de la carte longue sous laquelle on la ferait mettre, on ferait une autre récréation. On peut aussi présenter le jeu de manière à ne laisser distinguer qu'une seule carte ; mais il faut avoir affaire à des gens qui ne sont pas au fait de ces sortes de tours.

Cartes pensées — Second tour.

On met la carte longue la seizième dans un jeu de piquet, on étend sur la table dix à douze cartes du dessus, et l'on propose à une personne d'en penser une et de retenir le nombre où elle se trouve placée, on remet ces cartes sur le jeu ; on fait sauter la coupe à la carte longue, qui se trouve alors placée dessous, on demande ensuite à la personne à quel nombre est la carte pensée ; on compte secrètement d'après ce nombre jusqu'à seize, en jetant les cartes l'une après l'autre sur la table, les tirant du dessous, et l'on s'arrête à ce nombre, la dix-septième étant la carte pensée.

Moyen facile de faire un joli tour de cartes.

Un faiseur de tours prétendait deviner les cartes par un moyen nouveau ; quand on avait mêlé le jeu, il devinait toujours la carte de dessous en regardant celle de dessus. Pour cela, il avait caché un miroir aussi petit qu'une pièce de vingt-quatre sols, parmi les plis d'un crêpe noir dans une corne de son chapeau qu'il tenait négligemment sur la table, et, tandis qu'en montrant aux spectateurs la carte de dessous, il faisait semblant de regarder le dessus du jeu ; il voyait dans le miroir l'image de la carte.

Nota.— Le miroir doit être un peu convexe pour qu'on y voit la carte en miniature et sans aucun tâtonnement ; car un miroir plan qui serait aussi petit ne pourrait réfléchir qu'une partie de l'image, et de plus, l'on serait obligé, pour trouver le vrai point de vue, de chercher à tout instant la vraie position des yeux, des cartes ou du miroir.

Quelqu'un s'étant aperçu de sa supercherie lui en fit le reproche ; mais il ôta promptement le chapeau de dessus la table, pour ne pas donner le temps à la compagnie de voir le miroir, cependant pour faire croire que le miroir était inutile, il continua de deviner toutes les cartes, après qu'on les eut mêlées de nouveau, avec cette différence seulement, que, dans ce dernier cas, il devinait successivement celles de dessus ; ceci n'était pas bien difficile, car s'étant emparé secrètement de quatre cartes à lui connues, et les ayant cachées dans sa main tandis qu'on mêlait le reste du jeu, il les posa lestement sur le jeu, en le prenant un instant pour le changer de place, par ce moyen, il devina ensuite bien facilement les trois premières, quoique le jeu fût couvert d'une serviette ; et, pour faire voir qu'il y avait un moyen merveilleux, quoique physique, il lorgnait avec une lunette.

On crut d'abord (et c'était avec raison) que la lunette ne servait de rien ; mais on fut bien étonné, quand il dit que chacun pourrait voir la quatrième carte en se servant de cette même lunette ; je vis effectivement, avec cet instrument un roi de carreau qui se trouva la quatrième carte ; mais on avait mis un petit roi de carreau au fond de la lunette pour faire croire que, avec cet instrument, on pouvait voir ce qui était caché sous la serviette.

Cartes changeantes.

On voit quelquefois dans les mains des faiseurs de tours, la même carte se changer en une autre. Ils ont différents moyens pour exécuter cette récréation qui consiste dans une grande subtilité.

1.° Il faut avoir dans le jeu une carte qui soit double ; par exemple, un roi de pique que l'on place dessous le jeu, on met au-dessus de ce roi une carte quelconque, comme un sept de cœur, et dessus le jeu le second roi de pique ; on mêle le jeu sans déranger ces trois cartes, et montrant le dessus du jeu, on fait voir à une personne le sept de cœur, on le retire avec le doigt qu'on a eu soin de mouiller, et feignant alors d'ôter ce sept de cœur, on ôte le roi de pique, et le posant sur la table, on dit à cette même personne de couvrir avec sa main, ce prétendu sept de cœur ; on mêle une seconde fois le jeu sans déranger la première et dernière carte, et ayant fait passer sous le jeu le second roi de pique, on le montre à une autre personne en lui demandant quelle est cette carte, on la retire avec le doigt, et on ôte le sept de cœur qu'on lui fait couvrir. On commande au sept de cœur qu'on

croit être sous la main de la première personne de passer sous celle de la seconde; et
réciproquement au roi de pique, qui paraît
avoir été mis sous la main de la seconde personne, de passer sous celle de la première;
on fait lever les mains et remarquer que le
changement s'est fait. Les deux cartes semblables, et l'attention qu'on a de faire remarquer à la seconde personne le roi de pique,
font paraître cette récréation fort extraordinaire.

2.° L'on prend deux as, l'un de pique, et
l'autre de cœur, on applique sur celui de
pique un point de cœur que l'on colle avec du
savon (ce point doit être découpé le plus mince
qu'il est possible; et on se sert à cet effet
d'une carte dédoublée) et pareillement sur
l'as de cœur un point de pique, on fait voir
ces deux as, et prenant l'as de pique, on dit à
une personne de la compagnie de mettre le
pied dessus, et en le posant à terre on retire
le point de pique collé qui couvre l'as de
cœur; on met pareillement la carte de l'as de
cœur sous le pied d'une autre personne, en
retirant le point de cœur collé. On propose
ensuite de faire passer l'as de pique à la place
de l'as de cœur et celui de cœur à la place de
l'as de pique, et effectivement lorsqu'on retire
les cartes, elles paraissent changées.

C'est de la même manière qu'on s'y prend
pour faire changer le trois de pique en as de
pique et en as de cœur. On prépare à cet effet
un as de cœur, en y collant avec du savon
trois points de pique, dont un sur l'as et les

deux autres de manière à former le trois de pique. Cette préparation faite, on montre cette carte à la compagnie; on reprend la carte, et on fait glisser avec le doigt le dernier point de pique, et couvrant le premier avec le doigt, on fait voir l'as de pique. Pour faire reparaître le trois de pique, on couvre avec le doigt la place où était le dernier point de pique ôté, et les deux points qui restent font supposer le troisième; on fait glisser avec le doigt le premier point de pique, et l'on montre la carte en disant voilà l'as de pique revenu. Enfin on fait glisser le point de pique qui couvre l'as de cœur, et de cette manière on convertit cet as de pique en as de cœur. On peut donner la carte à examiner ensuite. Mais tous ces changements doivent se faire avec bien de l'adresse pour être amusants, autrement il vaut mieux s'abstenir de les faire, que de laisser apercevoir aux autres le moyen dont on se sert pour y parvenir.

Changer l'as de pique en trois de cœur
et en as de cœur.

On prépare une carte (comme le désigne la fig. 24), et sur le point de cœur du milieu, on y colle avec un peu de savon, un point de pique A. On pose le doigt du côté B, et couvrant le point de cœur, on fait voir l'as de pique; on baisse ensuite la carte, on retire avec le doigt le point de pique, et couvrant du

doigt l'endroit C, on fait voir le trois de cœur,
on baisse de nouveau la car-
te, et couvrant de nouveau
avec le doigt l'endroit B, on
fait voir l'as de cœur.

Fig. 24.

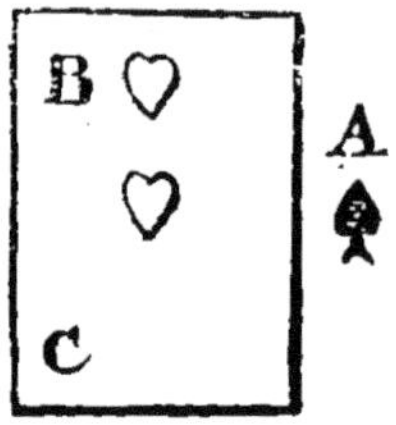

On peut changer de même
l'as de pique en cinq de cœur
(fig. 25).

Nota. — Il ne faut pas se
servir de cartes où l'on ait
effacé ces points, attendu que la carte perd
à cet endroit son poli, il vaut mieux faire
faire ces sortes de cartes exprès par les car-
tiers, autrement on s'apercevrait facilement
de cette subtilité.

Faire changer le trois de pique en as de pique

et en as de cœur.

Il faut préparer un as de cœur, en y collant
avec du savon trois points de pique que l'on
découpe le plus mince possible en se servant
pour cet effet d'une carte dédoublée et dont on
forme un trois de pique (fig. 26).

Cette préparation faite, on montre cette
carte à la compagnie ; on reprend la carte et
on fait glisser avec le doigt le point de pique
D, et couvrant avec le doigt le point de pique
A (fig. 27) on fait voir l'as de pique ; on met
ensuite le doigt à l'endroit A (fig. 28), et on
dit : *voilà le trois de pique revenu ;* on fait

glisser avec le premier doigt l'autre pique et on fait voir que l'as de pique est revenu (fig. 29), enfin on fait glisser le pique qui couvre l'as de cœur, on le fait changer en as de cœur

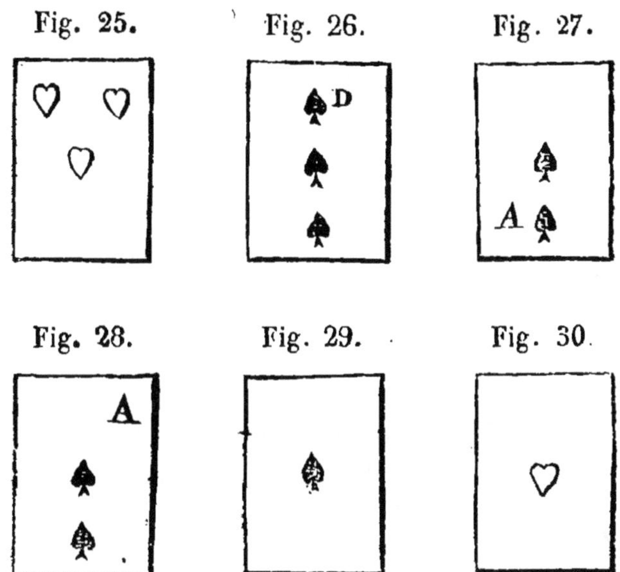

Fig. 25. Fig. 26. Fig. 27.

Fig. 28. Fig. 29. Fig. 30.

(fig. 30); on met ensuite cette carte sur la table, afin qu'on puisse l'examiner.

NOTA. — Il faut faire tous ces changements avec beaucoup de subtilité, si l'on veut que ces sortes de récréations paraissent agréables, et il vaut mieux s'abstenir de les faire que de laisser apercevoir aux autres le moyen dont on se sert pour y parvenir.

Les quinze mille livres.

Il faut avoir deux cartes pareilles à celle représentée par la fig. 31, avec un cinq et un as de carreau à l'ordinaire.

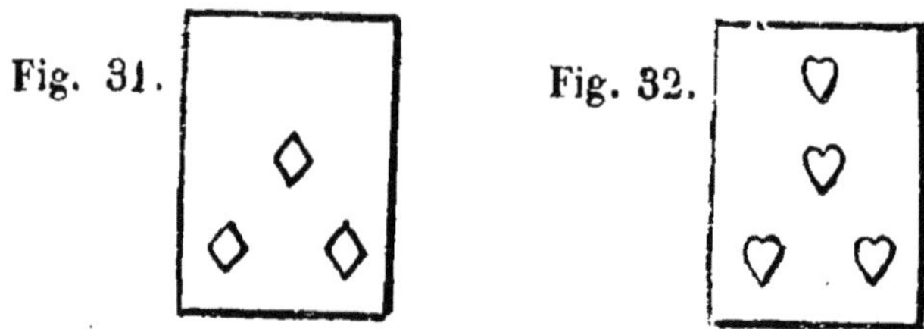

Fig. 31.

Fig. 32.

Disposez votre cinq de carreau et vos deux cartes préparées, comme le désigne la fig. 33, et les faites voir en les tenant dans la main; mettez ensuite l'as sur la table et dites : « Voici

Fig. 33.

un père de famille qui a trois enfants , il leur laisse en mourant 15,000 livres (ce que représentent ces 3 cinq). Les deux plus jeunes consentent à laisser à leur ainé les 5,000 liv. qui

leur reviennent afin qu'il les fasse valoir. »
Pendant que vous comptez cette histoire, vous
mettez les cinq sur la table, et l'as en place du

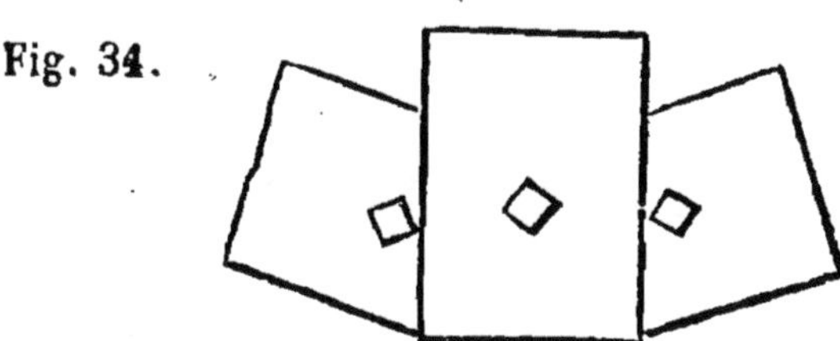

Fig. 34.

cinq, et vous disposez ces trois cartes de
manière qu'elles se présentent comme le désigne la fig. 34, et vous ajoutez : « L'aîné au
lieu de faire valoir cet argent, a presque tout
perdu au jeu, et il ne lui reste que 3,000 liv.
(ce que désignent ces trois as). » Vous remettez

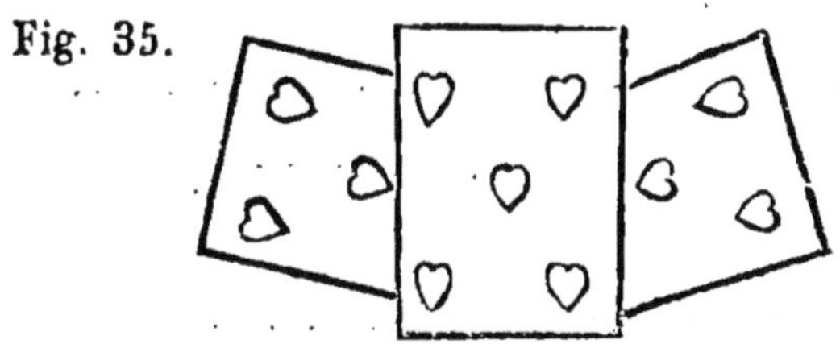

Fig. 35.

ensuite l'as sur la table et reprenez le cinq, et
continuant cette histoire ; vous dites que cet
aîné fâché d'avoir dissipé cet argent, va aux
Indes avec ces 3,000 livres, il fait un profit
considérable, et rapporte à ses frères les 15,000
livres. » Vous montrerez alors les trois cartes,
comme il est représenté par la fig. 33. Cette
récréation doit être faite promptement et

subtilement, afin de récréer davantage; il ne faut pas la recommencer, et remettre aussitôt ces quatre cartes dans sa poche, et comme on peut demander à les voir, il est bon d'en avoir

Fig. 36.

quatre autres qui ne soient pas préparées, c'est-à-dire 3 cinq et un as de carreau.

Nota. — On peut faire une autre récréation de ce genre avec des cinq et des trois (fig. 35 et 36) et la carte préparée fig. 32.

Deviner les points des cartes de dessous

trois tas que l'on a fait faire.

Dites à une personne de choisir à sa volonté, trois cartes dans un jeu de piquet, en la prévenant que l'as vaut onze points, les figures dix, et les autres cartes selon le point qu'elles marquent. Lorsqu'elle aura choisi ces trois cartes, dites-lui de les poser sur la table, et de mettre au-dessus de chaque tas autant de cartes qu'il faut de points pour aller jusqu'à quinze ; c'est-à-dire, que dans l'exemple (fig. 37) elle doit mettre huit cartes au-dessus du sept, quatre cartes au-dessus de l'as, et cinq au-dessus du dix. Faites-vous remettre le restant des cartes, et comptez (en faisant semblant d'y examiner autre chose) combien il en reste; ajoutez seize à ce nombre, et vous aurez le

Fig. 37.

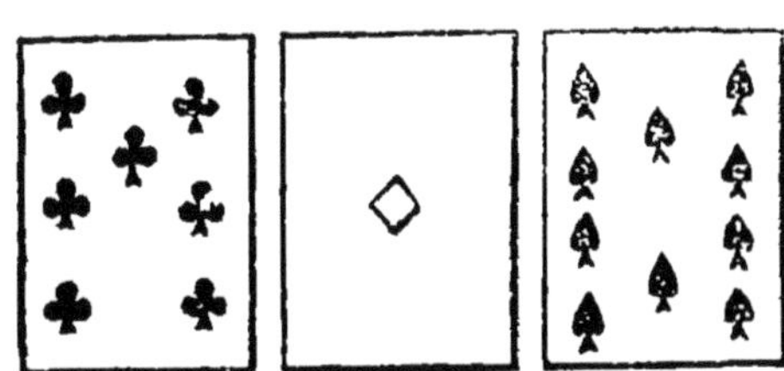

nombre de points des trois cartes de dessous, comme on le voit dans cet exemple, où il reste douze cartes, auquel nombre ajoutant seize, le total vingt-huit est le nombre de points portés sur les trois cartes.

Nota. — Si on fait cette récréation avec un jeu de quadrille, il faut alors ajouter huit au nombre des cartes qui restent.

Faire changer une carte tirée d'un jeu en divers objets,
et la faire revenir en sa première forme.

Ayez un jeu de cartes, au milieu duquel soit une carte plus large que les autres, par exemple, un valet de pique; placez sous ce valet un sept de carreau, et sous ce sept un dix de trèfle; disposez sur le dessus du jeu

différentes cartes semblables à ces deux dernières, et d'autres sur lesquelles soient peints
divers objets en observant l'ordre indiqué ci-
après.

Première carte . Un oiseau.
2. . . . . . Un sept de carreau.
3. . . . . . Une fleur.
4. . . . . . Un autre sept de carreau.
5. . . . . . Un oiseau.
6. . . . . . Un dix de trèfle.
7. . . . . . Une fleur.
8. . . . . . Un autre dix de trèfle.

Sept à huit cartes indifférentes, le valet de
pique, carte large, le sept de carreau et dix
de trèfle, et le reste toutes cartes indifférentes.

On fait tirer à deux personnes différentes,
les deux cartes qui sont sous la carte large ;
c'est-à-dire le sept de carreau et le dix de
trèfle ; on prend le jeu dans la main gauche,
on l'ouvre à l'endroit de la carte large comme
si on ouvrait un livre, et on dit à celle qui a
tiré le sept de carreau, de le placer dans l'endroit ouvert ; on la fait ensuite souffler sur le
jeu ; et sans le fermer, on fait au même instant
glisser sur cette carte, la carte qui est sur le
jeu et sur laquelle est peint un oiseau (*) ; on
dit alors à cette personne de regarder sa carte

(*) Pour la faire passer facilement, il faut mouiller
le doigt du milieu de la main gauche, avec lequel on
doit l'amener légèrement sur le jeu.

et on lui fait observer ce changement; on la
lui fait remettre, et la faisant souffler une
seconde fois sur le jeu, on y fait repasser le
sept de carreau qui est alors sur le dessus du
jeu, et on lui fait voir que sa carte est reve-
nue; on agit de même pour la faire de nouveau changer en fleurs, et revenir dans son
état naturel; enfin, on fait la même chose
avec la seconde personne qui a tiré le dix de
trèfle.

Nota. — Tout l'artifice consiste à faire glisser avec le doigt mouillé la carte qui est au-
dessus du jeu, et la mettre toujours sur la
carte large, ce qui est très-facile. On doit
observer qu'il ne faut pas quitter la partie du
jeu que l'on tient dans la main. Cette récréation demande très-peu d'adresse et se trouve
par là très-facile à exécuter.

Faire trouver une carte dans un œuf.

Roulez une carte le plus serré que vous
pourrez, et introduisez-la vers **A** dans un petit
bâton **A B** (fig. 38). Ce petit bâton est sembla-

Fig. 38.

ble à celui dont on se sert pour jouer des
gobelets excepté qu'il doit y avoir dans toute

sa longueur un trou d'environ trois lignes de diamètre, afin qu'une petite baguette C de même longueur, terminée par un bouton D semblable à celui A, puisse y couler librement.

Faites tirer par une personne une carte semblable à celle qui a été cachée dans ce bâton, et faites-la lui remettre dans le jeu; présentez-lui ensuite plusieurs œufs, et demandez-lui dans lequel elle souhaite que se trouve la carte qu'elle a tirée; prenez alors le bâton en le tenant par le côté B, cassez l'œuf choisi avec celui A, et enfonçant un peu le bâton dans l'œuf, poussez subtilement le bouton D avec la paume de la main, afin d'y faire glisser la carte; ouvrez entièrement l'œuf, et déroulant la carte que vous y avez introduite, faites-lui voir que c'est celle qu'elle a choisie dans le jeu.

NOTA. — Il faut escamoter subtilement la carte qui a été tirée, afin de faire voir qu'elle n'est plus dans le jeu.

La carte dans une bague.

Fig. 39.

A

B

Faites faire une bague à deux châtons opposés entre eux A et B (fig. 39), dont l'un et l'autre soient garnis d'une pierre ou cristal rectangulaire de même grandeur; disposez l'une de ces deux pierres de façon qu'on puisse y appliquer par dessous la figure d'une carte peinte en petit sur un papier, que l'anneau de cette bague soit assez grand pour qu'elle puisse tourner facilement dans le troisième ou quatrième doigt de la main gauche.

On fait tirer par une personne une carte semblable à celle qu'on a introduite sous l'une des deux pierres de cette bague et on lui dit de la brûler à une bougie, pendant cet intervalle on fait voir cette bague qu'on a au doigt, en ne présentant que le côté où se trouve la pierre sous laquelle n'est pas la petite carte ; on prend ensuite avec le doigt de la main droite un peu de cendre de la carte brulée, et sous le prétexte d'en frotter la pierre ; on fait retourner la bague dans son doigt , on la montre ensuite du côté où est la petite carte , et on y fait remarquer la carte qui a été brûlée qu'on suppose avoir fait reparaître par le moyen de ses cendres.

Faire paraître dans une lunette plusieurs cartes

qui ont été tirées d'un jeu.

Faites tourner une lunette d'ivoire transparente , de telle forme que vous voudrez, excepté qu'il faut que la place du verre objectif soit couverte; que le verre oculaire n'ait que deux pouces de foyer afin qu'une petite carte de huit à dix lignes de longueur étant

4*

mise au fond (1) de cette lunette, paraisse pour lors de la grandeur d'une carte ordinaire.

Ayez un jeu de cartes dans lequel il y ait une carte plus large, et semblable à celle que vous avez insérée dans la lunette ci-dessus ; ayant mêlé le jeu, faites tirer cette carte qu'il vous sera facile de reconnaître et de présenter de préférence ; lorsque la personne aura vu sa carte, donnez-lui le jeu afin qu'elle y remette elle-même cette carte, et qu'elle mêle le jeu ; reprenez le jeu et faites encore tirer cette même carte à une autre personne (2) ; dites-lui de la remettre de même dans le jeu, présentez ensuite la lunette à la première personne, et demandez-lui si elle y voit sa carte, elle répondra tout simplement *oui* ; montrez cette même lunette à la seconde personne, en lui faisant semblable question à laquelle elle répondra de même.

Nota. — Il faut sur le champ amuser avec une autre récréation, afin d'éviter que ces deux personnes venant à nommer leurs cartes n'empêchent par là le reste des spectateurs de s'imaginer que les deux cartes qui ont été vues dans la lunette, sont différentes l'une de l'autre.

---

(1) Le fond de cette lunette doit être noir, afin que la carte soit plus apparente.

(2) Il ne faut pas la faire tirer à une personne qui soit placée auprès de celle qui a tiré la première carte.

Une personne ayant tiré une carte dans un jeu dont on a fait ensuite six tas; lui faire indiquer par le point d'un dé jeté sur la table, quel est le tas où elle doit se trouver.

Ayez un jeu composé de trente-six cartes dans lequel il y ait seulement six différentes cartes répétées six fois ; disposez le jeu de manière que chacune de ces six différentes cartes soient rangées de suite, et que la dernière de chacune d'elles soit une carte large.

Le jeu étant ainsi disposé, on pourra faire couper tant de fois que l'on voudra sans en déranger l'ordre, pourvu qu'à la dernière fois on coupe à une des cartes larges, et si l'on en fait ensuite six tas en coupant aux endroits où sont les cartes larges, chacun d'eux contiendra des cartes semblables.

On donnera à tirer dans ce jeu une carte quelconque, et on la fera remettre adroitement dans celui des six tas où elle aura été choisie : on coupera le jeu en six parties pour en faire six tas comme il vient d'être dit, et présentant un dé à une personne, on la préviendra que le point qu'elle amènera doit indiquer celui de ces tas dans lequel doit être sa carte, on lèvera le tas (*) qui se rapportera au point amené, et on lui fera voir sa carte.

(*) Ces tas doivent être rangés de suite sur la table.

La carte changeante sous les doigts.

Effacez un des points d'un trois de cœur (fig. 40), et gardez cette carte dans votre poche de manière qu'en la prenant vous puissiez reconnaître le côté A.

Fig. 40

Ayez un jeu de cartes de quadrille, au-dessus duquel soit l'as et le trois de cœur, faites sauter la coupe pour les faire revenir au milieu du jeu, et faites-les tirer forcément à un cavalier et à une dame, auxquels vous donnerez ensuite le jeu pour qu'ils puissent y remettre eux-mêmes leurs cartes et le mêler : pendant ce temps, prenez adroitement la carte qui est dans votre poche, cachez-la sous votre main et en reprenant le jeu, posez-la au-dessus ; faites sauter la coupe et tirez cette carte du milieu du jeu : présentez-la à celui qui a tiré le trois de cœur (en cachant avec le doigt index l'endroit B afin qu'il s'imaginé voir le trois de cœur) et demandez-lui : *est-ce votre carte ?* il répondra *oui ;* reprenez-la avec les deux doigts de la main gauche, et cachant le point A ; montrez-la à la personne qui a tiré l'as de cœur, en lui disant : *ce n'est donc pas la vôtre, madame ?* elle répondra, *c'est la mienne ;* vous lui direz alors, *cela ne se peut pas,* et vous ajouterez en la montrant de nouveau à la première personne : *monsieur dit*

que c'est *la sienne*, il répondra : *ce n'est plus elle* ; vous ferez voir ensuite le trois de cœur à cette dame, en disant : *je savais bien que c'était la carte de madame*, elle dira : *ce n'est plus la mienne* ; vous ajouterez : *vous voulez donc me tromper, moi qui trompe les autres*, en frappant avec le doigt sur la carte, vous leur ferez voir l'une après l'autre les deux cartes qu'ils ont tirées, en disant : *voici votre carte et voilà la vôtre.*

Nota. — On doit à chaque fois qu'on veut faire changer la carte, la prendre dans les doigts de l'autre main.

La carte dansante.

On fait tirer une carte à quelqu'un, on la mêle avec les autres, et on lui ordonne de paraître sur le mur; elle y parait aussitôt, ensuite, avançant à mesure qu'on lui en fait le commandement, elle parcourt une ligne inclinée, en montant de droite à gauche, elle disparaît au haut du mur, pour reparaître un instant après, et parcourir une ligne horizontale, etc.

Ce tour est fort simple. Il consiste d'abord à faire tirer une carte forcée qu'on reconnait au tact, parce qu'elle est plus large ; après l'avoir mêlée avec les autres, on l'enlève du jeu, pour faire voir ensuite qu'elle n'y est plus, et à l'instant qu'on lui commande de paraître sur le mur, le compère tire adroitement un fil au bout duquel est attachée une carte pareille, qui sort de derrière une glace ; un autre fil fortement tendu et sur lequel elle peut couler, parce qu'elle y tient par de très-petits anneaux de soie, lui prescrit la route qu'elle doit tenir et ressemble à cet égard au cable qui traversait anciennement la Seine, pour diriger le bac des Invalides, d'une rive à l'autre.

Carte brûlée qu'on fait trouver dans une montre.

On fait tirer une carte au hasard, on demande trois montres à la compagnie ; on les fait envelopper par un des spectateurs dans des cornets de papier ; on les dépose sur une table, et on les couvre d'une serviette ; on fait brûler la carte choisie, pour mettre les cendres dans une boîte ; bientôt après on ouvre la boîte, et les cendres n'y sont plus. On met les trois montres sur une assiette ; on en fait choisir une par une personne de la compagnie, cette même personne ouvre la montre, et trouve d'abord sous le verre, un morceau de la carte brûlée, et dans l'intérieur, sous la boîte de la montre, une petite carte représentant en miniature celle qu'on a réduite en cendres.

On dépose les montres, bien enveloppées de papier, sur une table auprès d'une cloison : à l'endroit de la table où elles sont posées, il se trouve une petite trappe qui s'ouvre pour les laisser tomber dans un tiroir. Quand on a fait savoir au compère quelle est la carte tirée , il allonge le bras dans l'intérieur de la table pour prendre une des montres , et y déposer ce qu'on veut y faire trouver ; il faut que les montres soient couvertes d'une serviette portée sur des bouteilles, ou sur d'autres objets semblables, sans quoi on verrait la main du compère , ou l'on verrait remuer la serviette.

On présente à quelqu'un les trois montres sur une assiette, en mettant devant lui celle où le compère a déposé la carte en miniature, et qu'il a marquée en déchirant un peu l'enveloppe. Si la personne est rusée, et qu'elle affecte, par malice, de ne pas prendre la montre la plus proche, on la prie de les bien brouiller ensemble sous prétexte d'embellir le tour, et après avoir remué soi-même, pour remettre par dessus, celle qu'on veut faire prendre, on s'adresse à quelqu'un moins clair-voyant, dont la mine annonce la bonhomie, et qui, en mettant la main sur les paquets, y prend tout bonnement le premier venu.

Quant au moyen employé pour faire disparaître dans une boîte les cendres de la carte brûlée, il consiste à mettre dans le couvercle une pièce de bois ou de carton, qui le remplisse exactement dans sa longueur et dans sa largeur, qui puisse tomber au fond de la boîte quand on la ferme. Cette pièce de bois ou de carton étant de même couleur que l'intérieur de la boîte, forme par là un double fond, et cache les cendres aux yeux du spectateur ébloui, qui dans ce moment est tenté de croire que les cendres sont sorties pour se combiner de nouveau , et pour produire la carte en miniature qu'on trouve dans la montre.

Carte clouée au mur d'un coup de pistolet.

On fait tirer une carte , et l'on prie la personne qui l'a choisie d'en déchirer un petit coin , et de le garder pour la reconnaître. On prend la carte ainsi échancrée ; on achève de la déchirer, et on la réduit en cendres. On fait charger un pistolet où les cendres se mêlent et se confondent avec la poudre ; au lieu d'une balle de plomb, on fait mettre dans le canon un clou marqué par quelqu'un de la compagnie , ensuite on jette le jeu de carte en l'air, on tire un coup de pistolet, et la carte brûlée se trouve clouée au mur. On y rapporte le morceau déchiré qui y cadre parfaitement , et le clou qui la tient est reconnu par celui qui l'a marqué.

EXPLICATION :

Quand le faiseur de tours voit qu'on a déchiré un coin de la carte choisie, il passe dans son cabinet, prend une carte pareille, et y fait une déchirure semblable. Revenu sur le théâtre , il demande la carte choisie , la fait passer subtilement sous le jeu, et y substitue adroitement celle qu'il vient de préparer, pour la brûler à la place de la première.

Quand le pistolet est entièrement chargé, il le prend pour la première fois, sous prétexte de montrer comment il faut l'armer, le tirer et le manier; il profite de cette circonstance pour ouvrir un trou qui s'y trouve sous le canon, près de la lumière; c'est alors et par ce moyen qu'il escamote le clou, qui, par son propre poids lui tombe dans la main : faisant ensuite glisser sur cette couverture une espèce de virole de fer, il l'assujétit et la fixe dans cet endroit, pour qu'on ne s'aperçoive de rien dans ce moment. Il prie encore quelqu'un de remettre de la poudre et du papier dans le pistolet, il profite de cet instant pour apporter la carte et le clou à son compère : celui-ci la cloue bien vite sur un morceau de bois carré, qui sert à boucher hermétiquement un trou pratiqué dans la cloison et dans la tapisserie, mais qu'on ne voit point, parce qu'il est couvert par un morceau de tapisserie pareille. Par ce moyen la carte qu'on vient d'appliquer au mur ou à la cloison, ne paraît point encore ; le morceau de tapisserie qui la couvre est faiblement attaché, d'un côté, avec deux épingles, et de l'autre, il tient à un fil, dont le compère tient un bout dans sa main. Aussitôt que ce dernier entend le coup de pistolet, il tire le fil pour faire passer rapidement le morceau de tapisserie derrière une glace ; la carte paraît et comme c'est la même qu'on a marquée, avec le clou qu'on avait mis dans le pistolet, il n'est pas étonnant que ce tour, difficile à deviner par sa complication, ait obtenu les applaudissements du grand nombre.

T. de C.   5

Si quelqu'un soupçonne qu'on a escamoté le clou dans le pistolet, on proteste contre ses soupçons, et on le prie de revenir le lendemain pour voir le contraire, alors on lui présente un pistolet, dont on démonte toutes les pièces, pour faire voir qu'il n'y a aucune préparation : on le fait charger avec un clou, qu'on fait marquer par une personne d'intelligence, ou on le montre à plusieurs personnes en oubliant à dessein de le faire marquer. Dans ce cas, la carte se trouve clouée avec un autre clou, mais pour persuader à la compagnie que c'est le même, on assure hardiment que le clou a été remarqué par plusieurs personnes, et on invite les spectateurs à venir le reconnaître.

Faire sortir une souris ou quelqu'autre chose d'un jeu de cartes.

Ayez un jeu dont les cartes soient collées les unes aux autres par leur bord, mais qui soient vides dans le milieu en façon de coffre. Il faut que ce coffre de cartes soit couvert par-dessus d'une carte entière, collée tout autour aux cartes inférieures qui forment le coffre, et au-dessus de cette carte qui sert de couvercle au coffre, il en faut cinq à six autres entièrement détachées, lesquelles vous remuerez pour donner à croire que c'est un jeu complet que vous tenez entre les mains. Il faut ensuite que le coffre soit garni en dessous d'une carte entière, qui lui serve de fond, et qui n'étant collée aux autres cartes du coffre que par un seul de ses côtés, prête aisément ses autres côtés et cède au moindre poids qui serait dessus. Enfin, il faut que cette carte de dessous soit comme une porte qui s'ouvre et se ferme aisément. Ayant un jeu de cartes ainsi préparé, vous ouvrez le coffre, et après y avoir introduit une souris ou bien quelqu'autre chose, vous le fermez aussitôt, prenant bien garde de tenir toujours la carte de dessous avec la main, afin qu'elle ne se meuve point. Vous dites ensuite à quelqu'un d'ouvrir ses deux mains et de les rapprocher l'une de l'autre ; et lui ayant mis sur les mains le jeu, vous dites que vous avez la vertu de métamorphoser le jeu de cartes, en quelque chose d'extraordinaire, et pendant que vous lui tenez quelques propos pour l'amuser, vous faites semblant de chercher de la poudre dans votre gibecière : et dans le même instant prenant le jeu par le milieu, vous l'emportez aussitôt et le jetez dans votre gibecière. Comme la carte qui est dessous, s'ouvre par le poids de la souris, il s'ensuit que la souris doit rester sur les mains de celui qui croyait auparavant tenir un jeu de cartes.

Deviner une carte pensée par quelqu'un en écrivant
à l'avance un numéro quelconque.

Tout l'appareil de ce tour consiste dans une combinaison mathématique, et voici comme il faudra s'y prendre pour réussir.

Vous prendrez un jeu de piquet, que vous présenterez à une personne de la compagnie, en lui recommandant de bien battre les cartes, et de les faire battre encore par qui bon lui semblera : vous les ferez couper ensuite par plusieurs personnes : puis vous proposerez à quelqu'un de la compagnie de prendre le jeu, de penser une carte, de s'en ressouvenir, ainsi que du numéro où elle se trouvera placée, en comptant une, deux, trois, quatre, etc., jusque et compris la carte pensée. Vous offrirez de passer dans une autre pièce pendant que cette opération se fera, ou bien de vous faire bander les yeux, en assurant à la compagnie que vous annoncerez à l'avance, si l'on souhaite, le numéro où devra se trouver la carte pensée.

Dans la supposition où la personne qui pensera la carte s'arrêtera au numéro 13, et que cette treizième carte soit une dame de cœur.

Supposant encore que le nombre que vous aurez marqué à l'avance soit le numéro 24, vous rentrerez dans la salle si vous en êtes sorti , ou vous vous ferez ôter le mouchoir , si l'on vous a couvert les yeux ; et sans faire aucune question à la personne qui aura pensé la carte , vous demanderez seulement le jeu de cartes , sur lequel vous poserez le nez , comme pour le flairer , puis portant les mains derrière le dos avec le jeu, ou les cachant sous la table , vous retirerez de dessous le jeu , vingt-trois cartes , c'est-à-dire une de moins que le nombre que vous avez tracé à l'avance ; vous placerez ces vingt-trois cartes sur le restant , vous observerez de prendre garde d'en mettre une de plus ou une de moins ; ce qui vous empêcherait de réussir. Cela fait, vous remettrez le jeu à la personne qui aura pensé la carte, en lui recommandant de compter les cartes en prenant de dessus le jeu , à partir du numéro de la carte pensée. Sa carte étant la treizième, il devra commencer à compter quatorze , et vous l'arrêterez quand il nommera vingt-trois, en l'avertissant que le numéro que vous avez désigné est le numéro 24 , et que conséquemment la vingt-quatrième carte qu'il va lever, sera la dame de cœur ; ce qui se trouvera juste.

Manière de changer une carte qui est dans la main d'une personne en lui recommandant de la bien couvrir.

Vous découperez un trois de pique bien nettement ; cette carte étant découpée à jour, vous prendrez un as de carreau que vous poserez sous votre trois de pique découpé, en observant que votre as de carreau soit bien hermétiquement couvert par le pique, qui se trouve au milieu du trois découpé; vous passerez légèrement un bâton de pommade sur les endroits découpés, puis vous verserez doucement sur cette carte de la poudre de jayet, qui s'attachera facilement sur les endroits enduits de pommade, et formera par ce moyen un trois de pique, sur ce qui auparavant était un as de carreau.

Vous prendrez dans votre main un as de carreau, derrière lequel vous poserez en sens contraire un trois de pique.

La personne qui aura dans la main le trois de pique préparé, le fera voir à tout le monde, vous montrerez à votre tour l'as de carreau, que vous tiendrez dans la vôtre, et vous direz à cette personne de le poser sens dessus dessous sur le tapis qui couvre la table; vous lui ferez poser la main dessus la carte, et vous lui demanderez si elle est bien sûre que ce soit un trois de pique qui soit sous sa main. Sur son affirmative, vous la plaisenterez et vous lui direz, en lui poussant la main sous laquelle est sa carte, qu'elle se trompe, et que c'est un as de carreau qu'elle tient. Le mouvement que vous lui ferez faire, en lui poussant la main, fera rester sur le tapis la poudre de jayet qui formait un trois de pique sur son as de carreau; elle sera fort étonnée de ne trouver réellement qu'un as de carreau, tandis que vous lui ferez le tour, en retournant votre main : où l'as de pique et le roi de carreau seront dos à dos, vous montrerez le trois de pique et ferez accroire à la compagnie que vous l'avez escamoté à la personne sans qu'elle s'en aperçoive.

Ce tour doit être fait lestement, pour que l'on ne puisse découvrir la petite supercherie dont vous faites usage.

Façon de préparer la poudre de jayet pour le tour ci-dessus.

Vous pilerez dans un mortier de cuivre votre jayet, déjà concassé avec un marteau, quand il sera bien broyé vous le passerez dans un tamis, après quoi il faudra encore le passer au travers d'une mousseline.

Vous mettrez dans une petite boîte cette poudre très-fine : quand vous voudrez vous en servir, vous en prendrez une pincée, soit avec les doigts, soit avec un peu de papier; vous la répandrez sur votre carte : elle ne s'attachera qu'aux endroits touchés par le bâton de pommade et elle s'enlèvera facilement par le frottement qui aura lieu sur le tapis lorsque vous pousserez la main de la personne qui la tiendra ouverte, et sans que la carte soit maculée.

Manière de faire passer une carte d'une main dans une autre.

Vous prendrez deux as, l'un de pique et l'autre de cœur ; vous appliquerez sur celui de pique un point de cœur, et sur celui de cœur un point de pique : ce qui se fera facilement par le moyen d'une carte de cœur et d'une de pique, que vous dédoublerez et découperez ensuite avec dextérité, pour que le point soit bien net ; vous frotterez légèrement, soit avec un peu de savon, ou de pommade bien blanche, le dessous de votre pique et de votre cœur découpés ; vous poserez le point de cœur sur l'as de pique, et le point de pique sur l'as de cœur, vous aurez soin de les couvrir bien hermétiquement, et de faire tous ces préparatifs avant de commencer vos expériences.

Vous séparerez votre jeu de cartes en deux paquets, et vous poserez sous chaque paquet vos deux as ainsi préparés ; vous prendrez ensuite de la main droite le paquet sous lequel sera l'as de cœur, et de la gauche celui où se trouvera l'as de pique.

Vous ferez voir à toute l'assemblée que l'as de cœur est à droite et l'as de pique à gauche ; quand tout le monde en sera convaincu, vous direz : messieurs et dames, je vais commander à l'as de cœur qui est à droite, de passer à gauche, et à l'as de pique de prendre sa place ;

vous pouvez même proposer de vous faire attacher les bras de droite et de gauche, pour empêcher qu'ils ne puissent se joindre ni se communiquer.

Tout le secret consiste donc, lorsque vous faites votre commandement de faire un mouvement et de frapper du pied ; pendant ce mouvement et frappement du pied, vous passerez avec dextérité le petit doigt sur chacun de vos as pour enlever et faire tomber sans qu'on s'en aperçoive, les points de pique et de cœur qui y tiennent par les moyens ci-dessus indiqués ; et vous faites voir à la compagnie, que les cartes ont exécuté votre commandement en passant de gauche à droite, et de droite à gauche sans que vos mains se soient communiquées.

Ce tour fait promptement et subtilement, paraîtra fort singulier, quoiqu'il soit fort simple.

Dire d'avance la carte que quelqu'un choisira.

Pour cela, il faut : 1.º Regarder d'un clin d'œil la carte qui est sous le jeu, et ensuite mêler les cartes pour faire croire au spectateur qu'on n'a aucune carte en vue, et observer toutefois le premier des quatre *faux mélanges* dont il est parlé page 12 ; 2.º Finir le mélange de manière que la carte qu'on a en vue reste par-dessous ; 3.º S'approcher d'un des spectateurs pour lui parler à l'oreille, et le prier de se rappeler la carte choisie en question; 4.° Faire sauter la coupe pour faire trouver dans le milieu la carte nommée à l'oreille; 5.° Tenir après la coupe, les deux paquets de biais et croisés l'un sur l'autre comme dans la fig. 5; 6.° Faire glisser rapidement l'une sous l'autre les cartes du paquet supérieur, en invitant un des spectateurs d'en prendre une; 7.° Lui mettre subtilement dans la main la carte inférieure du paquet supérieur (C'est ce qu'on appelle faire prendre une carte forcée); 8.° La faire mêler dans le jeu par un spectateur, et tandis qu'il la mêle pour empêcher qu'on ne la trouve, lui prouver que sa précaution est inutile en la faisant nommer par la personne à qui on a parlé à l'oreille.

Il faut glisser la carte dans la main du spectateur légèrement et sans aucune affectation; et pour trouver moins de résistance de sa part, il faut choisir quelqu'un qui ne soit pas initié dans les tours. Cette opération produit un effet merveilleux quand elle est bien faite. La difficulté de faire tirer une carte forcée ne doit point effrayer les commençants, pour deux raisons:

1.° Parce qu'on y parvient facilement avec un peu d'exercice.

2.° Parce que si le spectateur ne prend point la carte en question, on remédie à cet inconvénient sans aucune erreur apparente, en terminant le tour d'une manière plus frappante et plus extraordinaire, comme on le verra dans l'article suivant:

Faire tirer une carte au hasard et la faire mêler avec les autres par un des spectateurs, pour la faire trouver ensuite sur le jeu ou dans le milieu, au gré de la compagnie.

Quand le spectateur affecte malicieusement de ne pas prendre la carte qu'on lui offre, le tour dont nous venons de parler ne doit pas paraître manqué, si on a eu la précaution de ne pas avertir la compagnie de ce qu'on voulait faire (Conformément au premier des préceptes généraux il ne faut jamais dire trop tôt le tour qu'on se propose de jouer ; crainte que quelqu'un ne s'étudie à le faire manquer ; c'est pourquoi dans le tour précédent, au lieu de dire d'avance à la compagnie la carte qui doit être choisie, on la nomme tout simplement à l'oreille d'une personne ; il faut même avoir la précaution de ne pas dire à cette personne qu'un des spectateurs va prendre une telle carte, mais seulement qu'on la prie de se rappeler cette carte ; par ce moyen, on est libre, pour la faire nommer tout haut, d'attendre l'instant où l'on aura réussi à la faire prendre). Lors donc qu'une carte différente de celle qui a été nommée à l'oreille est choisie par le spectateur à qui on s'adresse, on prie ce spectateur de la mettre au milieu du jeu, c'est-à-dire sur la moitié des cartes qu'on tient dans la main gauche, et on la couvre avec l'autre moitié qu'on tenait dans la droite. Dans cet instant on fait sauter la coupe subtilement pour faire trouver cette carte sur le jeu ; ensuite on emploie le premier des quatre faux mélanges page 12, et on finit par la faire trouver dessous. Alors on fait sauter la coupe pour faire trouver le paquet inférieur dans la main droite, et dans la gauche le paquet supérieur (fig. 6).

On prie le spectateur de regarder si la carte choisie est sur le paquet de la main gauche en l'invitant à répondre *oui* ou *non* sans nommer la carte ; et tandis qu'il y regarde, on jette un coup d'œil rapide sous le paquet qui est dans la main droite, aussitôt que, par ce moyen, on a vu la carte choisie, on met ensemble les deux paquets, et on prie quelqu'un de la compagnie de les bien mêler ; on reprend les cartes, et on les épluche en les regardant l'une après l'autre, sous prétexte de s'assurer que la carte choisie n'a pas été escamotée par la personne qui vient de mêler. Lorsque par cette feinte on a trouvé la carte choisie, on la met adroitement sous le jeu qu'on tourne sens dessus dessous pour mêler de nouveau, on finit par la laisser dessus, et en se préparant à faire sauter la coupe, on apostrophe ainsi la compagnie : *Messieurs non-seulement je connais, sans l'avoir vue, la carte qu'on a tirée*, ici on peut la nommer, *mais encore je sais d'avance si vous voudrez qu'elle se trouve dessus ou dans le milieu du jeu ; et pour preuve de cela je viens de la placer à celui de ces deux endroits que vous allez choisir*. Si on choisit le dessus, il faut prier quelqu'un d'y regarder, et on l'y trouvera infailliblement puisqu'elle y est ; mais si on demande qu'elle soit dans le milieu, il faut faire sauter la coupe pour faire passer dans la main gauche le paquet supérieur, et retenir le paquet inférieur dans la droite, et comme dans cet instant on tient la droite sur la gauche à une petite distance (fig. 6) ; il semble au spectateur qu'on vient tout simplement de partager les cartes pour faire prendre la carte choisie dans le milieu du jeu sur le paquet de la main gauche.

1.° Si vous voulez que ce tour produise un grand effet ; tâchez de persuader que, pour l'exécuter, il faut plus de subtilité dans l'esprit que d'agilité aux doigts. Pour cela, parlez ainsi à la compagnie : *Je viens de vous prouver, messieurs, par cette opération, que je pouvais prévoir votre pensée; mais si cette preuve vous paraît insuffisante, je vais vous en donner une plus palpable.* Alors revenez au premier tour, s'il n'a pas réussi dès la première fois ; et s'il a réussi, passez au tour suivant.

2.° Il est quelquefois plus facile de faire tirer une carte forcée après le second tour que nous venons d'expliquer, qu'auparavant, parce que le spectateur voyant qu'on devine dans ce tour une carte qui n'était point forcée et qui a été choisie très-librement, se persuade dans cet instant qu'on devinera également toute autre carte ; d'où il conclut qu'il est inutile de faire le difficile dans son choix.

Faire tirer une carte au hasard, et après avoir divisé le jeu en quatre paquets, la faire trouver infailliblement dans celui que la compagnie choisira librement.

Aussitôt qu'on aura pris une carte, 1.° Tenez la moitié du jeu dans chaque main (fig. 6); 2.° Faites poser la carte choisie sur le paquet de la main gauche, et couvrez-la du paquet de la main droite; 3.° Faites sauter la coupe invisiblement, et le spectateur croira que la carte choisie est dans le milieu du jeu, quoiqu'elle soit dessus ; 4.° Employez un instant le premier des quatre faux mélanges, finissez par laisser sur le jeu la carte en question, et enlevez-la (fig. 20 et 21) ; 5.° Donnez à mêler les autres cartes (On croira tenir le jeu entier, et confondre avec les autres la carte choisie); 6.° Partagez le jeu sur le bord de la table, de votre côté, en quatre paquets ; 7.° Egalisez les paquets, en donnant à celui qui n'aurait que trois ou quatre cartes, quelques-unes de celui qui en aurait un trop grand nombre (Servez-vous pour cela de la main gauche, puisque la droite n'est pas libre). Et quand on aura désigné le paquet sur lequel on voudra faire trouver la carte choisie, prenez-le de votre main droite, en y posant la carte comme dans la fig. 23. Quand ce paquet sera entre vos mains, vous pourrez encore, avant de montrer la carte, demander si on veut qu'elle soit dessus ou dans le milieu du paquet ; et pour remplir le vœu de la compagnie, employez la coupe, s'il y a lieu, comme dans le tour précédent.

1.º En finissant ce tour, ce serait une gaucherie de tourner soi-même la carte pour demander à celui qui l'a tirée, si c'est la sienne. De cette manière, ce serait presque en vain que la personne intérrogée répondrait affirmativement, parce que la compagnie pourrait supposer, ou que cette personne a oublié sa carte et qu'elle se trompe, ou que sa réponse est dictée par la complaisance pour ne pas faire manquer le tour. Il vaut donc mieux attendre, pour montrer la carte qu'elle soit nommée par celui qui l'a choisie ; en observant, pour plus grande perfection, de la faire tourner par un autre, pour bannir dans ce moment, toute idée d'escamotage dans l'esprit des spectateurs.

2.º Lorsqu'en faisant ce tour vous appuyez négligemment votre main droite sur vos genoux ou sur le bord de la table pour cacher la carte enlevée, et que vous demandez à quelqu'un de la compagnie dans quel paquet on veut faire trouver la carte choisie, il peut arriver un inconvénient ; la personne interrogée peut connaître votre ruse et chercher à la dévoiler à tout le monde, en vous répondant de cette manière : *Je veux que la carte choisie se trouve dans votre main.* Cette réponse est embarrassante et semble prouver, au premier abord, que vous allez rester court, cependant vous pouvez vous en tirer par le moyen que voici : Gardez-vous de satisfaire la malice du spectateur, en faisant voir à la compagnie qu'il a deviné, et que vous avez une carte dans votre main, mais posez la carte enlevée sur un des paquets en le prenant sur la table ; réunissez ensuite les quatre paquets en un seul, et dites : *Je suis bien sûr maintenant que la carte choisie est dans ma main comme vous l'avez désiré.* Par ce moyen le tour ne finira pas d'une manière frappante ; mais la compagnie ignorera ce qu'on voulait lui faire savoir, et l'attrappeur sera attrappé. Vous pouvez ajouter aussi, immédiatement après, en faisant plusieurs paquets et en enlevant la même carte : *Messieurs, si quelqu'autre personne veut choisir un paquet, je ferai trouver la carte choisie dans celui qu'on voudra.* Alors si quelqu'un vous répond directement en choisissant un des paquets, le tour finira comme si personne n'avait cherché à vous embarrasser.

Prévoir la pensée d'un homme, en mettant d'avance dans le jeu une carte choisie au hasard au rang et au numéro que cet homme doit choisir un instant après.

La carte ayant été choisie, mise dans le jeu, passée par-dessus, et enlevée comme dans le tour précédent.

1.º Vous ferez mêler le jeu par quelqu'un de la compagnie ; 2.º Faites poser sur la table, près de vous, le jeu qu'on vient de mêler, et en le prenant de la main droite, posez-y la carte retenue ; 3.º Mêlez vous même les cartes, de manière que la carte choisie se trouve la troisième par dessus ; 4.º Faites sauter la coupe par le cinquième moyen (fig. 8), de manière que le paquet inférieur ait les figures tournées vers le ciel après la coupe : par ce moyen, la carte choisie se

Fig 41.

Fig. 42.

trouvera la troisième par-dessous ; 5.º Tenez les cartes sur l'extrémité de la main gauche (fig. 41), de manière qu'en fermant la main, elles puissent se renverser sens dessus dessous : et qu'elles se trouvent quand elle est ouverte de nouveau comme dans la fig. 42. (Elles ne paraîtront pas avoir été retournées, parce qu'elles montrent le côté blanc par-dessus et par-dessous); 6.° Demandez à quel rang on veut que se trouve la carte choisie, depuis le troisième jusqu'au dixième ; 7.° Si on veut qu'elle se trouve la troisième, il suffit d'avoir fermé et ouvert la main gauche, comme nous venons de l'expliquer, afin que la carte qui était la troisième par-dessous, se trouve la troisième par-dessus comme on le désire.

Si on veut qu'elle soit la quatrième ; il faut avant de fermer et ouvrir la main gauche, ôter une carte de dessus le jeu, la poser sur la table, et dire ensuite en fermant la main : *Maintenant que j'en ai ôté une, votre carte doit se trouver la troisième;* et si après avoir ouvert la main vous en ôtez deux autres, on croira que vous en avez ôté trois de suite du même endroit, quoique vous en ayez ôté une d'une part et deux de l'autre. Par ce moyen, la carte choisie, qui est toujours la troisième, paraît être la quatrième dans le besoin. On voit, que pour faire trouver la carte choisie au sixième ou au dixième rang, il faut, avant de fermer la main, ôter également trois ou sept cartes selon le besoin. Ces cartes ôtées d'avance, jointes aux deux que l'on ôte, après avoir fermé et ouvert la main, forment toujours le nombre requis pour que la carte choisie se trouve au rang demandé.

Faire tirer des cartes par différentes personnes ; les
bien mêler ensemble par différents mélanges ; montrer ensuite qu'elles ne sont ni dessus, ni dessous,
et les tirer du jeu d'un coup de main.

Ce tour est un des plus adroits et des plus
compliqués que l'on puisse faire. Avant de le
commencer il est à propos, pour faire admirer
davantage les tours précédents, de dire qu'on
n'a fait jusqu'alors que des tours de combinaison, fondés sur la subtilité de l'esprit, et qu'on
va commencer des tours qui dépendent de
l'adresse de la main. La première partie de cet
aveu quoique fausse, passe ordinairement à
la faveur de la seconde qui est vraie, et le
spectateur, qui, d'après l'assurance qu'on
vient de faire, veut expliquer les tours précédents, en supposant qu'ils sont fondés sur la
seule pénétration de l'esprit, se trouve dé-
routé dans sa recherche, tandis que le tour
que nous allons expliquer paraît à ses yeux
au-dessus des forces humaines.

1.º Aussitôt que quatre spectateurs auront
pris chacun une carte, demandez-en une, et
faites-la poser dans le milieu du jeu sur le
paquet de la main gauche, que vous couvrirez
du paquet de la main droite (fig. 6).

2.º Faites sauter la coupe, pour que cette
première carte se trouve dessus, et employez
aussitôt le premier des quatre faux mélanges,

pour faire croire que vous ne savez plus où est cette carte, quoique vous la laissiez toujours dessus.

3.º Dans l'instant où vous demanderez la seconde carte, faites de nouveau sauter la coupe, pour que la première se trouve sur le paquet de la main gauche, et qu'on mette la seconde sur la première avant que vous le couvriez du paquet de la main droite.

4.º Que la coupe saute encore une fois, pour que les deux premières cartes passent sur le jeu ; après quoi vous.emploierez le second des faux mélanges pour persuader que vous confondez ces deux cartes avec les autres, quoiqu'elles restent toujours à leur même place.

5.º En demandant la troisième carte, faites de nouveau sauter la coupe, pour faire poser cette carte dans le milieu du jeu, avec les deux premières, sur le paquet de la main gauche, et remettez-les aussitôt par-dessus pour employer une ou deux fois le troisième faux mélange.

6.º Usez de stratagème, pour que la quatrième carte soit posée en apparence dans le milieu, quoiqu'elle reste sur le jeu avec les trois autres, et faites usage du quatrième faux mélange.

7.º Quoiqu'on pense dans ce moment, que les quatre cartes sont séparées et mêlées au hasard, tâchez de faire évanouir tout soupçon sur ce point, en enlevant ces quatre cartes (fig. 20), et en donnant le reste à mêler.

8.º Posez ces cartes.sur le jeu quand on a

mêlé en le prenant sur le bord de la table
(fig. 23).

9.º Faites sauter la coupe, pour que vos
quatre cartes aillent dans le milieu, et tenez
les deux paquets séparés par le petit doigt de
la main gauche (fig. 2).

10.º Dans cet instant faites voir que les
cartes choisies ne sont ni dessus ni dessous, et
que la coupe saute aussitôt après, pour que
ces cartes passent par-dessus.

Ces diverses opérations, y compris le mélange que le spectateur a fait lui-même, lui
prouvent invinciblement que les quatre cartes
choisies sont éparpillées au hasard au milieu
du jeu ; cette fausse idée est la base de l'admiration extraordinaire dont il se trouve pénétré
dans ce moment, quand on lui promet de tirer
ces cartes du milieu, d'un coup de main.

11.º Pour accomplir cette promesse, prenez
les cartes de votre main gauche ; et en levant
la main comme pour donner un coup de marteau sur la table, faites jouer votre pouce pour
glisser la carte supérieure en avant vers la
main droite : que votre main descende ensuite
rapidement, en lâchant la carte sur la table,
de manière qu'on en puisse voir la figure ;
faites cette opération quatre fois avec la même vitesse, en vous adressant aux quatre
autres personnes qui ont tiré les cartes, et en
leur disant : *Voilà la vôtre, voilà la vôtre,*
etc. ; et comme ils penseront que vous tirez
ces cartes du milieu du jeu, où ils croient
qu'elles sont mêlées avec les autres, il faudra
de toute nécessité ou qu'ils admirent votre tour

en vous supposant beaucoup plus d'adresse que vous n'en avez, ou qu'ils aient présent à l'esprit les onze moyens que vous venez d'employer pour les surprendre.

Faire tirer une carte, la mêler avec les autres, et après avoir montré qu'elle n'est ni dessus, ni dessous, la faire rester seule dans la main gauche, en faisant tomber les autres par terre d'un coup de la main droite.

Tâchez de faire tirer une carte forcée, et faites-la mêler aussitôt dans le jeu, ce qui ne vous empêchera pas de la trouver, puisque, dans ce cas, vous devez la connaître. Si l'on prend toute autre carte, il faudra la faire poser dans le milieu, et enlever après la coupe, avant de faire mêler le jeu par le spectateur. Dans les deux cas, vous la poserez en-

Fig. 43.

suite vous-même sur le jeu sans que personne s'en aperçoive; et puis vous la ferez passer dessous, en employant le premier des quatre fauxmélanges, pour faire croire que vous ne savez pas où elle est. Après cela vous ferez sauter la coupe, et vous tiendrez votre petit doigt entre les deux paquets; vous ferez voir dans cet instant que la carte choisie n'est point dessus. Vous montrerez aussi qu'elle n'est point dessous, en tenant les cartes comme dans la fig. 43.

Il faudra tenir ainsi les cartes avec les deux mains, parce que je suppose que le petit doigt de la main gauche continue de séparer les deux paquets pour que vous soyez tout prêt à faire sauter la coupe, quand vous aurez renversé de nouveau les cartes pour les tenir comme dans la fig. 3. Vous ferez ensuite

Fig. 44.

sauter la coupe, pour faire passer par-dessous la carte choisie qui doit se trouver encore dans le milieu sous le paquet supérieur, si vous avez suivi de point en point ce que je viens de dire. Après la coupe, vous pincerez le jeu de la main gauche et le frapperez de la main droite (fig. 44).

Un coup sec fera tomber toutes les cartes, excepté la carte de dessous, qui est la carte choisie et que l'on croit être dans le milieu.

Nota. — Pour assurer le succès de cette expérience, il faut bien serrer les cartes de la main gauche, mouiller avec un peu de salive les trois doigts du milieu, et les avancer d'environ six lignes sous le jeu, tandis que le gros doigt est dessus entièrement au bord.

Faire trouver les quatre rois dans le milieu, après

les avoir fait poser séparément.

1.º Mettez les quatre rois entre les mains de quelqu'un, et reprenez-en deux pour les mettre visiblement un dessus et un dessous.

2.º Après cette première opération, tenez le jeu de cartes dans votre main gauche, en posant votre petit doigt entre les deux moitiés pour vous préparer à faire sauter la coupe.

3.º Retournez la carte de dessus, pour faire voir de nouveau que c'est un roi, et remettez-là à sa place fort lentement, pour prouver que vous ne l'escamotez point.

4.º Faites voir aussi de nouveau que la carte de dessous est un roi, mais laissez toujours le petit doigt à sa même place (fig. 43).

5.º Refermez votre main gauche de manière

qué les mains et les cartes soient dans la position de la fig 3.

6.º Priez le spectateur de mettre les deux
autres rois dans le milieu ; mais en faisant
semblant de partager simplement le jeu en
deux parties égales, pour que ces deux rois
soient mis entre deux, faites sauter la coupe
de manière que les deux mains se trouvent
comme dans la fig. 6. Par ce moyen les deux
rois qui, avant la coupe, étaient dessus et
dessous, se trouveront déjà au milieu du jeu,
et le spectateur, en mettant dans le milieu les
deux autres rois, croira les poser loin des
deux premiers, quoiqu'il les mette tous ensemble.

NOTA. — 1.º Quand les deux derniers rois
ont été placés sur le paquet de la main gauche,
il faut, en posant celui de la main droite,
mettre aussitôt le petit doigt entre les deux
paquets, parce que si quelqu'un des spectateurs avertissait alors le reste de la compagnie
que les quatre rois sont déjà ensemble, on lui
prouverait le contraire (aux yeux du grand
nombre) en faisant sauter la coupe de nouveau
pour en faire voir un dessus et un dessous.
(Dans ce cas, il y en a trois dessus, mais on
n'en montre qu'un). Après quoi on fera encore
sauter la coupe pour les mettre tous quatre
dans le milieu, comme auparavant.

2.º Ce tour ne consistant point à deviner
des cartes comme beaucoup d'autres dont nous
avons parlé, on ne peut pas se vanter de
l'exécuter par la seule subtilité de l'esprit. Le
spectateur étant donc déjà persuadé que ce

tour doit consister dans l'adresse des mains,
il faut profiter de cette persuasion pour l'attri-
buer à un trait d'adresse d'autant plus merveilleux, qu'il est impossible; il faut dire :
Messieurs, vous voyez évidemment que les
quatre rois sont séparés les uns des autres;
concevez s'il est possible, combien il faut être
adroit pour faire passer avec les deux du milieu, les deux autres qui sont dessus et dessous, et cela d'une seule main et en un clin

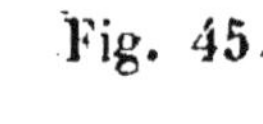

Fig. 45.

d'œil. Alors il faut prendre les cartes de la
main droite, comme dans la fig. 45, au point
A, et dans l'instant où l'on porte rapidement
la main du point A au point B, lever vive-
ment le pouce pour faire craquer les cartes
par le coin; le mouvement rapide de la main,
et le craquement des cartes, trompent en même temps les yeux et les oreilles du spectateur,
et quand on lui montre ensuite que les quatre
rois sont ensemble, il croit se rappeler l'ins-

tant où ces rois se sont réunis ; ce qui doit cependant l'étonner, puisque cette réunion est impossible de la manière dont il l'entend.

Prouver combien il est imprudent de jouer de l'argent à la triomphe avec des personnes dont la probité est équivoque.

1.º En finissant le tour que nous venons d'expliquer, il faut chercher les quatre rois dans le milieu en feuilletant les cartes bien doucement pour ne faire soupçonner aucun escamotage ; mais aussitôt qu'on les a trouvés (en regardant les cartes par la figure), il faut en renversant les cartes, faire passer lestement ces rois sur le jeu, les *enlever* ensuite, et donner des autres cartes à mêler, sans annoncer ce qu'on veut faire.

2.º Le jeu ayant été mêlé, coupé et mis sur le bord de la table, posez-y, en le prenant, les quatre rois retenus : et faites sauter la coupe pour les faire passer dans le milieu, où vous aurez soin de tenir votre petit doigt (fig. 2).

3.º Proposez à quelqu'un de jouer à la triomphe, et donnez aussitôt deux cartes pour lui, deux pour vous et trois autres pour lui.

4.º Dans ce moment, faites passer les rois par-dessus, en disant : *C'est en vain, Messieurs, qu'on mêle les cartes quand on joue avec moi, car je me donne toujours trois rois, et je tourne le quatrième.*

5.º Achevez de donner, faites voir vos rois ; et si quelqu'un vous observe que votre adversaire pourrait avoir plus beau jeu que vous par les atouts ; dites que vous donnez seulement ceci comme un exemple, pour prouver que vous pouvez vous donner toutes les cartes que vous avez en vue.

Faire une pareille démonstration au brelan, en se donnant brelan de rois.

1.º Après avoir enlevé les rois, faites mêler le reste du jeu, et posez les cartes enlevées comme dans le tour précédent, faites passer deux rois dessous, en laissant les deux autres au-dessus.

2.º Prenez la moitié supérieure des cartes dans la main droite en laissant l'autre moitié dans la gauche.

3.º Faites glisser sur le paquet de la droite, trois cartes que vous prendrez une à une sur le paquet de la gauche, en les comptant bien attentivement, quoique vous fassiez semblant de les feuilleter au hasard.

4.º Réunissez les deux paquets en un (en posant celui de la main droite sur celui de la gauche), et prenez aussitôt un des deux rois qui sont dessous pour le faire passer dessus.

5.º Partagez comme auparavant, le jeu en deux moitiés, pour faire glisser sur le paquet de la droite trois autres cartes de la gauche.

6.º Réunissez, comme auparavant, les deux paquets en un, pour prendre le roi qui reste dessous et le faire passer par-dessus.

7.º Prenez encore trois cartes du milieu pour les mettre dessus.

8.º Ces sept premières opérations étant faites avec facilité et rapidité pour que vous paraissiez mêler les cartes, au lieu de paraître les arranger, il faut achever de dérouter le spectateur et dire en faisant les trois faux mélanges qui laissent le jeu tel qu'il est : *Voilà, Messieurs, comment je mêle les cartes quand je veux gagner au brelan.*

9.º Quand vous aurez mêlé ainsi pendant quelques secondes, dites, à la compagnie : *Messieurs, voulez-vous que je continue de mêler ou que je laisse les cartes telles qu'elles sont, dans tous les cas je gagnerai au brelan ?* Quel parti qu'on prenne vous serez sûr de gagner, puisque les cartes ont déjà l'arrangement nécessaire pour cela, et qu'elles ne perdent point par vos mélanges.

10.º Quand on aura coupé, faites sauter la coupe, et donnez les cartes une à une selon les lois du brelan, et comme s'il y avait trois joueurs avec vous quatrième : on sera sûrement étonné de vous voir un brelan carré.

11.º Si quelqu'un vous observe que cela ne suffit pas toujours pour être sûr de gagner, et qu'il faudrait donner un autre brelan à votre adversaire ; répondez que, puisque vous gardez pour vous les meilleures cartes, vous seriez bien le maître de donner les mauvaises à votre gré ; mais ne portez pas plus loin votre démons-

tration qui pourrait devenir insipide et peut-
être dangereuse, en satisfaisant un peu trop
la curiosité.

Deviner la carte pensée.

1.º Eparpillez les cartes dans la main droite,
comme dans la fig. 46, de manière qu'en les
montrant aux spectateurs, elles paraissent
comme dans la fig. 47, c'est-à-dire, que toutes

Fig. 46.

les cartes doivent être cachées les unes par les
autres, excepté le roi de pique qu'on doit bien
voir par la tête, sans que les doigts ou les
autres cartes y mettent aucun obstacle.

2.º Quand vous les aurez ainsi étalées à
dessein, mais de manière que cela paraisse
fait au hasard, montrez-les à un seul specta-

teur, en le priant d'en penser une ; et dans cet instant, ayez soin de remuer un peu la main , en décrivant un arc de cercle de droite à gauche, pour que le spectateur ait les yeux frappés par le roi de pique, sans s'apercevoir que les autres cartes sont cachées les unes par les autres.

3.º Mêlez les cartes réellement ou en apparence , mais ne perdez pas de vue le roi de pique, pour le mettre ensuite sur la table , la figure en dessous.

4.º Dites à celui qui a pensé une carte que celle qu'il a eu dans l'idée est actuellement sur la table et priez-le de la nommer.

5.º Si l'on nomme le roi de pique, tournez-le aussitôt, pour faire voir aux spectateurs étonnés que vous avez deviné la carte pensée.

6.º S'il nomme une autre carte, que je suppose être le roi de carreau, répliquez-lui aussitôt qu'il a changé d'idée, qu'il avait pensé primitivement une autre carte, et que sa mémoire est en défaut.

7.º En lui disant (sous diverses expressions pour gagner du temps) qu'il a pensé une autre carte, feuilletez rapidement le jeu comme par distraction, jusqu'à ce que vous ayez trouvé la carte qu'il vient de nommer (le roi de carreau).

8.º Mettez cette carte sur le jeu, et employez aussitôt (en tâchant toujours de paraître distrait), le premier des quatre faux mélanges, pour faire croire que vous n'avez aucune carte en vue.

9.º Finissez ce mélange par laisser le roi de carreau sur le jeu.

10.º Prenez le jeu de la main gauche, et le roi de pique de la main droite (fig. 15), et dites en filant la carte, c'est-à-dire en substituant le roi de carreau au roi de pique, que faudrait-il, Messieurs, pour que mon tour ne fût pas manqué? Quelle carte devrais-je avoir dans la main droite? On ne manquera pas de nommer le roi de carreau, et vous saisirez l'instant où on le nommera pour le retourner.

Nota. — 1.º Ce tour produit toujours le même effet, quand il est bien exécuté, soit que le spectateur pense bonnement le roi de pique qu'on lui a montré, soit que par raffinement il pense une autre carte.

2.º On peut faire penser une carte forcée, sans employer le moyen dont nous avons parlé au commencement de cette section ; pour cela, il faut faire passer plusieurs cartes sous les yeux du spectateur, en les feuilletant avec assez de rapidité pour qu'il en voie confusément la couleur, sans pouvoir en distinguer la valeur et la figure : prenez pour cet effet le jeu dans votre main gauche, et faites passer les cartes supérieures dans votre droite, en ne les regardant vous-même que par-derrière pour en montrer la figure aux spectateurs ; de manière que celle que vous montrez à chaque instant couvre celle que vous montriez un instant auparavant, jusqu'à ce que vous soyez parvenu à la dixième (Je suppose que c'est la dixième que vous voulez faire penser, que vous la connaissez d'avance, et que vous l'avez mise secrètement au rang qu'elle occupe). Cette carte doit être tranchante et remarquable, telle que le roi de cœur et la dame de trèfle. Il faut la laisser un peu plus longtemps que les autres sous les yeux du spectateur, en décrivant toutefois un demi-cercle sans affectation, et pendant ce temps-là, vous devez avoir vos yeux sur les siens pour savoir s'il prête son attention : quand le spectateur regarde ainsi toutes les cartes jusqu'à la fin, vous pouvez être assuré qu'il a pensé la dernière, et qu'il ne soupçonne même pas que vous la connaissiez, à cause que vous avez montré les cartes en ne les regardant vous-même que par derrière, et qu'il ignore que vous les ayez comptées, etc. Je dis qu'il ignore, parce que je suppose que, pour faire penser une carte, vous vous adressez à un homme qui n'est point expert dans l'art de faire les tours ; ce dont vous pouvez être bien assuré par l'admiration qu'il a témoignée dans les tours précédents. Au reste, quand on ne peut pas réussir par ce moyen à faire penser une telle carte, parce que le spectateur en pense quelquefois une sans regarder celle qu'on lui montre ; on a toujours, comme nous l'avons dit, la ressource de la carte filée, qui produit presque le même effet.

Deviner d'avance celle de quatre cartes qu'une personne prendra librement.

1.º Si on vous observe que dans le tour précédent vous avez fait penser une carte forcée, ou que vous avez filé la carte, répondez que vous allez faire un tour à peu près pareil, sur lequel on ne pourra pas vous faire la même objection, et observez vous-même, si on n'en parle point, que vous allez faire un tour dans lequel vous ne toucherez point les cartes.

2.º Faites mêler le jeu, après avoir enlevé une carte, que vous regarderez sans que personne ne s'en aperçoive.

3.º Parlez à l'oreille d'un des spectateurs, et nommez lui tout simplement la carte que vous venez d'enlever, en le priant de s'en souvenir.

4.º Reprenez le jeu, en y posant la carte enlevée, et employez le premier faux mélange pour ne pas la perdre de vue.

5.º Après avoir mêlé pour faire croire que vous n'avez aucune carte en vue, mettez la carte enlevée sur la table avec trois autres.

6.º Posez ces quatre cartes, de manière qu'elles forment à-peu-près un carré, et que leurs figures soient en-dessous pour qu'on ne puisse pas les connaître.

7.º Priez un des spectateurs d'en toucher une ; et s'il touche la carte que vous avez nommée secrètement ; dites que vous avez prévu et prédit que cela serait ainsi.

8.º Pour prouver votre prédiction, dans le cas que nous venons de supposer, adressez les mots suivants à la personne à qui vous avez parlé à l'oreille : *Je vous ai dit, monsieur, quelle carte on toucherait : nommez-la tout haut.* Il la nommera, s'il ne l'a pas oubliée, et si dès cet instant vous priez celui qui l'a touchée de la retourner lui-même, pour qu'on ne puisse pas vous soupçonner de filer la carte ou de l'escamoter d'une autre manière, tout le monde croira que vous avez prédit que telle carte serait touchée, quoique vous vous soyez contenté de la nommer tout simplement.

9.º Si le spectateur commence par toucher une carte différente de celle que vous avez nommée, il faut le prier pour que le tour ne paraisse pas manqué, de mettre cette carte dans sa poche sans la regarder, et l'inviter ensuite d'en toucher une seconde pour la donner à son voisin pareillement sans la regarder, et de mettre la troisième par terre, en laissant la quatrième sur la table.

10.º Si la carte qu'il laisse sur la table est celle que vous avez nommée secrètement, dites que vous avez prévu ce fait ; faites-la nommer tout haut par la personne à qui vous avez parlé à l'oreille, et dites à cette personne : *Vous savez, monsieur, que je vous ai dit d'avance la carte qui devait rester sur la table, nommez-la maintenant ;* il la nommera, et alors tout le monde croira, comme l'expérience le prouve, que vous aviez prévu que telle carte resterait sur la table, quoique vous n'ayez fait qu'en nommer une, sans dire si elle resterait sur la table ou non.

11.º Par la même raison, si la carte nommée d'avance a été mise par terre ou dans la poche d'un des spectateurs, on doit se vanter selon le besoin, d'avoir prévu ces différents faits ; et faire ensuite nommer cette carte par la personne à qui on avait parlé secrètement.

Nota. — Quand ce tour est fini, il faut chercher à distraire le spectateur, en le priant de remarquer que les quatre cartes dont on vient de se servir sont différentes les unes des autres, et que certaines personnes font ce tour en employant quatre rois de cœur, pour pouvoir prédire, sans crainte de se tromper, celle des quatre qui sera choisie.

Deviner d'avance le paquet de cartes qu'une personne choisira.

Qu'on vous parle ou non de la supercherie employée dans le tour précédent, dites que vous avez plusieurs moyens de prévoir la pensée d'autrui et que vous allez donner une nouvelle preuve de vos talents ; pour cela, il faut : 1.º Laisser sur le bord de la table deux paquets que je suppose de huit cartes chacun. (Le nombre est indifférent, pourvu, qu'il soit le même dans les deux paquets). 2.º Remettre à une personne de la compagnie toutes les autres cartes, excepté deux ou trois qu'on enlèvera secrètement dans la main droite. 3.º Dire en propres termes, à une personne de la compagnie, et écrire même sur un morceau de papier, que le paquet qui va être choisi par une telle personne sera composé de huit cartes. 4.º Prier cette personne de choisir un paquet, en l'assurant d'avance qu'on a prédit quel serait le paquet choisi. 5.º Aussitôt qu'elle a touché un paquet, priez la personne à qui on a parlé secrètement de dire de combien de cartes il est composé. 6.º Quand cette dernière personne a répondu que le paquet doit être composé de huit cartes, faire voir que le billet écrit d'avance porte le même nombre. 7.º Prier la personne qui a choisi le paquet de compter les cartes, pour voir par elle-même la vérité de la prédiction. 8.º Dans l'instant où elle finit de compter les cartes du paquet choisi, prendre soi-même le second paquet, en y posant de la main droite les deux ou trois cartes retenues, et l'offrir poliment à cette même personne, en la priant de s'assurer par elle-même que dans le second paquet le nombre de cartes est différent. 9.º Lui observer que si elle avait pris ce dernier paquet de onze cartes le tour serait manqué, mais qu'on avait prévu, par un moyen qui lui reste à deviner, que le premier de huit cartes, serait choisi librement et infailliblement.

Faire tirer des cartes par quatre spectateurs, les nommer ensuite sans les avoir vues, et faire qu'une de ces cartes se métamorphose successivement en chacune des autres.

1.° Faites tirer une carte forcée, que je suppose être le roi de cœur.

2.° Mêlez cette carte dans le jeu par le premier faux mélange, et faites-la tirer par une seconde. Il doit vous être facile, dans ce cas-ci, de faire tirer une carte quelconque, parce que le spectateur prévenu en votre faveur par la subtilité que vous avez montrée dans les tours précédents doit regarder comme très-inutiles tous les efforts qu'il pourrait faire pour vous déconcerter; d'où il suit qu'il doit prendre tout bonnement la carte que vous lui glissez adroitement dans la main.

3.° Après avoir mêlé de nouveau cette carte comme auparavant, faites-la prendre encore par une troisième personne; mais faites en sorte que les trois spectateurs auxquels vous vous adressez ne se montrent point cette carte l'un à l'autre, afin que chacun d'entre eux ignore absolument la carte que l'autre à choisie.

4.° Faites tirer une seconde carte au hasard, en faisant remarquer cette fois qu'on choisit absolument celle qu'on veut. On ne manquera pas d'en conclure qu'on a été également

libre sur les trois choix qui ont été faits précé-
demment.

5.º Faites poser cette seconde carte dans le milieu, et faites aussitôt sauter la coupe pour la faire passer dessus ; ensuite employez le premier faux mélange, de manière qu'elle reste toujours à sa même place. Je suppose, au reste, que cette seconde carte soit la dame de trèfle.

6.º En demandant au troisième spectateur le roi de cœur qu'il a pris, faites sauter la coupe, et tenez les cartes, comme dant la fig. 6, en le priant de poser le roi de cœur sur le paquet de la main gauche. Par ce moyen, le roi de cœur sera sur la dame de trèfle, et si vous faites sauter la coupe encore une fois, ces cartes se trouveront sur le jeu.

7.º Employez le second, le troisième et le quatrième faux mélange pour faire croire que vous ne savez plus où sont les cartes choisies.

8.º Enlevez ces deux cartes, et tandis que vous donnerez à mêler le reste du jeu, jetez un coup-d'œil dans votre main droite, pour y découvrir la seconde carte choisie, que vous ne connaissez point encore, et que nous avons supposé être la dame de trèfle.

9.º Posez ces deux cartes sur le jeu en le reprenant ; prenez ensuite le roi de cœur dans votre main droite, et laissez les autres cartes dans la main gauche, en faisant glisser la dame de trèfle un peu avant vers la main droite : par ce moyen, vous serez prêt à filer la carte quand il en sera temps.

10.º Dites que vous connaissez les quatre

cartes qui ont été choisies et assurez qu'on a pris le roi de cœur, la dame de trèfle, le sept de carreau et l'as de pique ; ces deux dernières n'auront point été prises ; mais il ne sera pas inutile de les nommer, puisque par ce moyen chaque spectateur entendant nommer sa carte avec trois autres, croira que ces trois dernières ont été tirées par les trois autres spectateurs ; d'où il conclura implicitement que trois personnes n'ont pas tiré la même carte.

11.° Après avoir prié les spectateurs de ne nommer à personne les cartes qu'ils ont choisies (afin qu'on ignore que la même carte a été prise par trois personnes différentes), montrez secrètement le roi de cœur à la première personne qui l'a tiré, et priez ce spectateur de dire par *oui* ou par *non*, si c'est là sa carte, il répondra *oui*, et aussitôt baissez la carte pour qu'on ne puisse plus en voir la figure.

12.° Dites-lui de souffler dessus, ou soufflez vous-même, et assurez aussitôt que ce n'est plus sa carte : ensuite passant au second spectateur, qui a aussi tiré le roi de cœur, montrez lui secrètement cette même carte, et demandez si c'est là la sienne : il répondra *oui*, ce qui fera croire au premier spectateur que sa carte est métamorphosée en une autre, tant il sera persuadé, par les circonstances précédentes, que quatre cartes différentes ont été tirées par différentes personnes.

13.° Baissez de nouveau cette carte pour qu'on n'en voie plus la figure ; et après avoir fait souffler dessus, assurez encore qu'elle est changée, et que c'est celle qui a été tirée par la troisième personne.

14.° Montrez-la secrètement au troisième spectateur, en lui demandant si c'est la sienne ; sa réponse affirmative fera croire au second que sa carte a été changée, comme celle du premier.

15.° Faites semblant de croire que vous avez fini le tour, comme si les quatre spectateurs avaient déjà vu chacun sa carte quoique vous ne l'ayez montré qu'à trois ; dites en même-temps : *Comment est-il possible, messieurs, que cette carte change quatre fois de suite sous les yeux de quatre personnes qui ont fait des choix différents.*

16.° En prononçant ces paroles, filez la carte, pour substituer au roi de cœur que vous tenez dans votre main droite, la dame de trèfle qui doit être dans votre gauche, selon le précepte du n.° 9.°, page 87. En filant la carte dans ce cas-ci, vous paraitrez faire un geste sans dessein et l'on vous soupçonnera d'autant moins de filer la carte, qu'on vous aura vu opérer deux métamorphoses dans ce même tour, sans qu'il y ait eu de votre part aucun mouvement réel ou apparent.

17.° Dites dans cet instant, que vous croyez avoir montré à chacun sa carte ; le quatrième spectateur, que vous aurez omis à dessein ne manquera pas de dire qu'il n'a pas encore vu la sienne. Alors présentez-lui la dame de trèfle du côté blanc, et sans en faire voir la figure. Si cette carte a été bien filée, on doit croire que c'est la même que vous aviez dans la main un instant auparavant, et que vous avez fait changer, en apparence, en passant d'un spectateur à l'autre. Demandez alors au quatrième spectateur qu'elle est sa carte, et aussitôt qu'il aura nommé la dame de trèfle, retournez-la pour la faire voir ; l'apparition de cette nouvelle carte produira une double surprise ; parce qu'on croira, par analogie, que cette troisième métamorphose s'est opérée comme les deux premières sans aucune substitution de votre part, et parce qu'on se trouvera confirmé, dans l'idée où l'on est déjà, que les quatre spectateurs ont tiré des cartes différentes quoique les trois premiers aient tiré la même.

Deviner la pensée d'autrui par un moyen
perfectionné.

1.º Etalez sur une table, quinze paquets de deux cartes chacun, et priez les spectateurs de penser chacun un paquet au hasard : peu importe que plusieurs pensent le même ou non.

2.º Qu'il y ait un paquet de deux cartes notables, et de même couleur : telles que le roi et la dame de cœur, vous êtes presque assuré que sur cinq à six spectateurs, il y en aura deux ou trois qui penseront ce paquet parce qu'ils trouveront plus facile de retenir dans leur mémoire le roi et la dame de cœur : que deux autres cartes mal accouplées, telles que le sept de carreau et l'as de pique.

3.º Priez secrètement quelqu'un de se rappeler le roi et la dame de cœur.

4.º Ramassez toutes les cartes, et faites un
seul paquet de tous ces paquets différents,
mais sans mêler les cartes de l'un avec celles
de l'autre.

5.º Remettez ces cartes une à une sur la table
en tournant leur figure vers le ciel, et en leur
donnant la combinaison que voici. Concevez
qu'il y a sur la table les lettres et les chiffres
suivants.

$$
\begin{array}{cccccc}
5 & m & i & s & a & i \\
4 & t & a & t & l & o \\
3 & h & e & m & o & h \\
2 & v & e & s & u & l \\
1 & 1 & 2 & 3 & 4 & 5
\end{array}
$$

Que ces lettres et ces chiffres soient conçus
dans le même ordre que vous avez sous les
yeux et à la distance requise pour que vous
puissiez placer une carte sur chaque lettre ou
chiffre, mettez les deux premières cartes de
votre grand paquet sur les deux *m*, les deux
suivantes sur les deux *i*, les deux autres sur
les deux *s*, etc. Quand vous aurez ainsi parcouru toutes les lettres, mettez également
deux cartes sur les deux chiffres 1, deux
autres sur les chiffres 2, etc., et que les rangs
soient surtout bien marqués de droite à
gauche.

6.º Interrogez successivement les spectateurs
pour savoir si les cartes que chacun a pensées,
sont dans le premier, dans le second ou dans
quelqu'autre rang.

7.º Remarquez que si les deux cartes pensées par la même personne se trouvent dans le premier rang, l'une sera la troisième et l'autre la sixième parce que la lettre *i*, qui est la seule répétée dans le premier mot, y occupe la troisième place et la sixième ; que si, au contraire, une des deux cartes pensées se trouve au premier rang et l'autre dans le second, ces deux cartes seront, la cinquième du premier rang et la troisième du second, parce que ces deux rangs n'ont rien de commun avec la lettre *a* qui occupe la cinquième place de l'un, et la troisième de l'autre. Par la même raison, si les deux cartes pensées étaient dans le troisième et le cinquième rang, ce serait la première de l'un et la quatrième de l'autre, parce que ces deux rangs n'ont rien de commun que le chiffre 3, qui occupe, comme on le voit, la première place dans le troisième rang et la quatrième dans le dernier. Il est donc facile de deviner les deux cartes pensées, quand le spectateur a dit dans quel rang elles se trouvent, puisque ce sont toujours deux cartes posées sur le même chiffre ou sur la même lettre.

8.º A mesure que les spectateurs vous font connaître les rangs occupés par les cartes pensées, nommer ces cartes sans hésiter, excepté lorsque vous voyez que les deux cartes pensées sont le roi et la dame de cœur. Dans ce dernier cas, évitez de les nommer, soit en affectant une distraction pour passer aux cartes qui ont été pensées par d'autres spectateurs , soit en promettant de les nommer un instant après.

9.º Quand vous avez nommé toutes les cartes pensées , excepté le roi et la dame de cœur, faites bien attention au nombre de personnes qui ont pensé ces dernières cartes et dites : *Il y a tant de personnes qui ont pensé deux cartes rouges*.

10.º En disant le nombre de ces personnes , et en assurant que vous saviez d'avance les deux cartes que ces personnes penseraient ; ramassez promptement les trente cartes qui sont sur la table, et ayez soin de mettre sur le jeu (sans que cela paraisse) le roi et la dame de cœur.

11.º Employez les faux mélanges, pour faire croire que vous n'avez aucune carte en vue, et finissez cependant par laisser le roi de cœur sur le jeu , et la dame dessous , ou *vice versa*.

12.º Faites-vous bander les yeux avec trois mouchoirs, de manière que six coins de ces mouchoirs flottent au-dessus de votre menton ; la proéminence de votre nez, en les éloignant un peu de vos joues, laissera un passage libre aux rayons de lumière , pour vous faire voir tous les objets placés à vos pieds.

13.º Posez le jeu de cartes à vos pieds, et prenez deux épées nues, une à chaque main (si vous n'avez point d'épées, vous pouvez vous servir de couteaux, mais alors il faut laisser le jeu sur la table, pour n'être pas obligé de prendre une attitude gênante), et avec l'épée de la main droite, éparpillez-le d'abord en tâtonnant.

14.° En éparpillant ainsi avec la pointe de votre épée le jeu de cartes, dont les figures doivent être tournées vers le centre de la terre, faites bien attention où vous mettez le roi et la dame de cœur qui sont comme nous l'avons dit, dessus et dessous, cependant que ces deux cartes paraissent confondues avec toutes les autres, et affectez de temps en temps de gratter par terre, avec la pointe de votre épée, dans des endroits où il n'y a point de cartes. Souvenez-vous qu'un aveugle ferait ainsi, et que vous devez tâtonner en quelque façon plus lourdement que lui, parce qu'il est accoutumé à tâtonner, et que vous êtes censé être aveugle depuis un seul instant.

15.° Piquez enfin les deux cartes avec les deux épées, et quand vous verrez qu'elles tiennent à la pointe, dites, avant de les montrer : *Ce serait un beau tour, Messieurs, si ces deux cartes-là étaient précisément celles qui ont été pensées par un tel nombre de personnes.* (Il faut dire ici le nombre de personnes et s'il n'y en a qu'une, il faut la nommer ou bien la désigner). *Mais le tour serait encore plus beau si j'avais su d'avance quelles seraient les cartes pensées.* Adressez-vous alors à celui à qui vous avez parlé à l'oreille, et priez-le de nommer tout haut les deux cartes qu'on a pensées, et qu'il a été prié de se rappeler. Il répondra que c'est le roi et la dame de cœur. Demandez alors à ceux qui les ont pensées, s'il est vrai que ce soit là leurs cartes, et dans l'instant où ils répondront *oui*, levez vos épées horizontalement, pour faire voir ces deux cartes à la compagnie.

Faire changer un roi de cœur en as de pique, et un as de pique en roi de cœur.

1.º Préparez d'avance deux rois de cœur, derrière lesquels vous dessinerez, avec de l'encre bien noire, deux as de pique. Il est évident que ces deux cartes paraîtront as de pique ou roi de cœur selon le côté que vous ferez apercevoir.

2.º Mettez ces deux cartes dans un jeu, d'où vous le prendrez au besoin, comme si c'était des cartes ordinaires. Commencez le tour, en les tenant une dans chaque main, et en montrant seulement le roi d'un côté et l'as de l'autre.

3.º Étendez vos bras, et tenez-les bien immobiles vers les deux extrémités opposées de la même table, pour faire voir que vos deux mains ne se rapprochent pas l'une de l'autre, et priez un des spectateurs de couvrir avec deux chapeaux vos deux mains et les deux cartes que vous tenez.

4.º Aussitôt que les chapeaux seront sur vos mains, retournez les cartes, pour que le roi de cœur paraisse as de pique, et *vice versa*, et laissez-les sur la table, en ôtant vous-même les deux chapeaux.

5.º Reprenez-les un instant après pour faire

semblant de les mêler dans un jeu, et pour les enlever réellement et les mettre dans votre poche en laissant le jeu négligemment sur la table ; il faudra ou qu'on admire votre tour sans proposer aucune objection, ou qu'on soupçonne que vous avez employé des cartes préparées : mais celui qui formera un tel soupçon sera bientôt obligé de se rétracter, lorsque visitant le jeu, il n'y trouvera qu'un roi de cœur et un as de pique faits comme à l'ordinaire.

Nota. — Ce tour concourt à faire croire aux spectateurs qu'on a également changé des cartes dans les tours précédents sans rapprocher les mains l'une de l'autre, et sans *filer la carte.*

Carte devinée par intelligence.

Un opérateur dit qu'il fera trouver dans sa poche la carte d'un jeu pensée par quelu'un de la compagnie ; rien sans doute de plus merveilleux, écoutez son secret et le prodige s'évanouira. Il y a une personne de la compagnie avec laquelle il s'entend ; il l'a prévenue d'avance qu'il avait retiré du jeu, la dame de cœur, par exemple, et qu'il l'avait mise dans sa poche. Il donne ce même jeu à cette personne, et lui dit de penser et de regarder une carte, et de remettre le jeu sur la table : puis il demande tout haut qu'elle est la carte pensée ; la personne répond, ainsi qu'il a été secrètement convenu, que c'est la dame de cœur, l'opérateur lui dit de bien regarder si elle ne se trompe pas, et si la carte est encore dans le jeu ; elle assure qu'oui, alors notre sorcier, sans toucher le jeu, lui dit : *elle n'y est plus, la voilà dans ma poche, voyez si elle est dans le jeu ;* et le confident du sorcier fait voir qu'elle n'y est effectivement plus.

Une carte ayant été prise et mêlée dans un jeu qu'on jette en l'air, la rattraper dans sa main parmi toutes celles qui voltigent.

Vous donnez à prendre une carte que l'on remettra dans le jeu, après que la personne qui l'aura prise l'aura vue. Vous ferez un faux mélange, en conservant toujours la carte en dessus. Vous l'enlevez, en donnant le jeu à mêler à un des spectateurs auquel vous recommanderez de le jeter en l'air, et quand les cartes retombent, vous donnez un coup de main à travers cette pluie, comme si vous vouliez en attraper une. Vous montrez celle que vous avez enlevée et que vous aurez soin de ramener au bout des doigts dans le mouvement que vous faites pour feindre de la rattraper.

Voilà un bien petit tour, et cependant vous voyez qu'il faut employer plusieurs principes. Il faut faire sauter la coupe, enlever la carte et faire un faux mélange.

Les quatre rois inséparables.

Mettez les quatre rois sous le jeu, et glissez avec adresse deux cartes quelconques au-dessous ; alors retirez ces cartes comme si elles étaient des rois, et placez-les indifféremment dans le jeu ; placez un roi dessus, et coupez : nécessairement les quatre rois se trouveront ensemble. On rend également indivisibles les quatre dames, les quatre as, etc.

Faire passer dans un chapeau une carte qu'on aura fait prendre et mêler dans le jeu.

Ce petit tour ressemble beaucoup au précédent. Vous opérez de même jusqu'à l'enlèvement de la carte inclusivement. Mais, au lieu de faire jeter le jeu en l'air pour rattraper la carte, vous empruntez un chapeau. Pour ne pas paraître gêné, vous prenez le chapeau de la main qui est libre, et le reprenez de suite de l'autre main en y jetant la carte que vous avez enlevée. Vous le changez encore de main, en priant la personne qui tient le jeu, de le mettre sous le chapeau et tout contre. Vous donnez un coup de doigt sur le jeu, en disant que ce coup a la vertu de faire sortir la carte et de la faire entrer dans le chapeau. Vous faites voir qu'elle est arrivée.

Nota. — Il ne faut pas croire que les différents changements de mains , que j'ai recommandés pour prendre le chapeau, soient inutiles ; on verra , au contraire , qu'ils sont indispensables, pour ne pas paraître gauche dans ses mouvements. On sentira , par la pratique , que le geste entre pour beaucoup dans l'art de faire des tours.

L'Hôtesse et les Buveurs.

Trois valets entrant au cabaret , s'énivrent et complotent de s'enfuir sans payer, lorsque la dame ou l'hôtesse descendra à la cave. Pendant son absence, on place un des valets sur le jeu , et un autre dessous . et le troisième au milieu ; l'hôtesse se dispose à courir après ; on la met sur le jeu ; on coupe , et l'hôtesse se trouve avec les trois valets , parce qu'avant de faire l'expérience , le quatrième valet a été placé secrètement sur le jeu.

Nommer toutes les cartes d'un jeu de piquet sans les voir, quoique le jeu ait été coupé plusieurs fois.

Dans l'arrangement des cartes , suivez cet ordre : as, dix, neuf, roi, valet, huit, dame , il restera quatre sept, que vous arrangerez ainsi : pique, trèfle, cœur, carreau.

Faites couper le jeu une ou plusieurs fois, en remarquant la carte de dessous ; vous rétablissez dans votre imagination l'ordre et le rapport qui ont été rompus par la coupe, et sachant quelle est la carte qui doit être sur le jeu, d'après celle-là, vous nommez toutes les autres.

La promenade des Dames.

Etalez sur la table un jeu de trente-deux cartes ; relevez-les dans cet ordre : dame, valet, as, trèfle, pique, cœur, carreau, roi, et ainsi jusqu'à la fin ; formez ensuite huit tas successifs, un, deux, trois, quatre, cinq, six, sept, huit, et posez la neuvième carte sur le premier tas, et successivement ; ces tas ont chacun quatre cartes pareilles : vous les retournez ensuite l'un après l'autre, en commençant par le premier ; et vous adaptez aux figures que vous découvrirez quelque discours qui y soit analogue, tel que celui-ci : Quatre dames voulant aller à la promenade (premier paquet) dirent à leurs valets (deuxième paquet) de préparer quatre ânes (troisième paquet) ; ces animaux entêtés se jetèrent dans un champ de trèfles (quatrième paquet) à travers les épines (cinquième paquet). Elles avaient fort à cœur (sixième paquet) de se ranger en carré dans le chemin (septième paquet), quand quatre gardes champêtres arrivèrent (huitième paquet).

Ayant fait prendre une carte qu'on aura remise dans le jeu et mêlée, la donner au nombre qu'on voudra.

Ce petit tour est fort simple. En faisant remettre dans le jeu la carte qu'on a fait prendre, on met le petit doigt, non pas précisément sous la carte, mais sous celle d'après, de sorte qu'ayant fait sauter la coupe, la carte prise se trouve la deuxième en dessous.

Vous mêlez réellement toutes celles de dessus, avec la précaution de ne pas déranger les deux dernières qui sont sous le jeu.

Demandez alors à quel nombre on veut que la carte qui vient d'être mêlée se trouve. Le nombre étant désigné, vous donnez d'abord la carte qui est la première en dessous, en comptant une. Dans le moment, vous faites glisser la carte suivante, qui est celle qui a été prise, et continuant de compter en prenant les cartes qui viennent après celle qu'on a glissée, vous réservez cette dernière pour la donner quand arrive le nombre demandé.

Avant de la retourner, ayez soin de la faire nommer.

Affiche singulière d'un faiseur de tours.

On lisait au coin d'une rue au Cap de Bonne-Espérance, une affiche conçue en ces termes :

Le sieur Pilferer, natif de la Bohême,

docteur en pyrotechnie, professeur de chiromancie, connu dans les colonies anglaises sous le nom des Crook-Finger'd-Jack, venu dans ce pays-ci, pour condescendre aux supplications de plusieurs personnes du premier rang, donne avis au public qu'après avoir visité toutes les académies de l'Europe, pour se perfectionner dans les sciences vulgaires, qui sont l'algèbre, la minéralogie, la trigonométrie, l'hydrodinamique et l'astronomie, il a voyagé dans tout le monde savant et même chez les peuples demi-sauvages, pour se faire initier dans les sciences occultes, mystiques et transcendantes, telles que la cabalistique, l'alchimie, la nécromancie, l'astrologie judiciaire, la divination, la superstition, l'interprétation des songes et le magnétisme animal.

C'était peu pour lui d'avoir étudié dans trente-deux universités, et d'avoir voyagé dans soixante-quinze royaumes, où il a consulté les sorciers du Mogol et les magiciens Samoyèdes ; il a fait d'autres voyages autour du monde, pour feuilleter le grand livre de la nature, depuis les glaces du nord et du pôle austral, jusqu'aux déserts brûlants de la Zône torride ; il a parcouru les deux hémisphères, et a séjourné dix ans en Asie avec des saltimbanques indiens, qui lui ont appris l'art d'apaiser la tempête, et de se sauver après un naufrage, en glissant sur la surface de la mer, avec des sabots élastiques.

Il apporte du Tonkin et de la Cochinchine, des talismans et des miroirs constellés pour reconnaître les voleurs et prévoir l'avenir, sans employer la mandragore comme Agrippa et sans réciter l'oraison des salamandres, comme le grand et le petit Albert. Il peut en un besoin endormir le loup-garou, commander aux lutins, arrêter les farfadets, et conjurer tous les spectres nocturnes (*enfants naturels de l'imagination qu'ils effraient, et pères putatifs du cochemar*), il a aussi un moyen infaillible de chasser une espèce de pauvres diables, qu'on appelle *parasites*.

Il a appris, chez les Tartares du Thibet, le secret du grand Dalaï-Lama, qui s'est rendu immortel, non comme Voltaire et Montgolfier, par des productions du génie, mais en achetant en Suède, l'élixir de longue vie ; à Strasbourg, la poudre de Cagliostro ; à Hambourg, l'or potable du grand Adepte Saint-Germain ; et à Stuttgard, la béquille du père Barnabas et le bâton du Juif-Errant, lorsqu'on vit passer ces deux vieillards dans la capitale du Wittemberg, le 11 Mai 1684.

En faisant usage de l'onguent qu'employait la magicienne Caniidia pour aller au sabbat, il prouve par des expériences multipliées, qu'un homme peut entrer dans le goulot d'une bouteille, si elle est assez grande, et même se rendre entièrement invisible, comme font quelquefois certains débiteurs vis-à-vis de leurs créanciers.

La quadrature du cercle, le mouvement perpétuel et la pierre philosophale, ne sont pour lui que des jeux d'enfant, qu'il abandonne aux physiciens de la onzième force. *Aquila non capit muscas.*

Il ne fera pas l'expérience du magnétisme animal sur de malins singes ni sur de vieux renards parce que ce sont des espèces anti-magnétiques, mais s'il peut se procurer des dindons, il fera voir au public combien il est facile, en magnétisant ces animaux, de les guérir de toutes les maladies imaginaires.

Il fera tous les jours trois ou quatre expériences, où l'on sera admis moyennant un ducat par personne.

Il avertit au reste qu'il continue de guérir du mal aux dents, non comme les empiriques, en arrachant la mâchoire, mais par un moyen aussi certain qu'il est inoui, qui consiste à couper la tête; et, pour prouver que cette opération n'est point dangereuse, et qu'on peut la faire selon les règles de l'art, *cito, tuto et jucundè*, il décapitera plusieurs animaux qu'il ressuscitera un instant après, d'après les principes du père Kirker, par la *Palingénésie.* Il est si persuadé de l'efficacité de ses remèdes sur l'odontalgie et sur toutes les maladies curables ou incurables, qu'il ne craint point de promettre une somme extraordinaire à tous les malades qui, trois mois après le traitement seront en état de se plaindre.

F I N.

TABLE

DES

TOURS DE CARTES.

FIN DE LA TABLE.

Carte clouée au mur d'un
coup de pistolet.

Lille , Blocquel-Castiaux